아홉가지 테마로 익히는

시사 러시아어 작문

Сборник упражнений по переводу
(на материале газетных статей)

아홉가지 테마로 익히는
시사 러시아어 작문

초판인쇄 2008년 12월 31일
초판발행 2009년 01월 05일

지은이 유학수
펴낸이 김선명
펴낸곳 도서출판 뿌쉬긴하우스
주소 서울시 중구 신당동 429-13 리오베빌딩 3층
전화 02) 2237-9386~7
팩스 02) 2237-9388
홈페이지 www.pushkinhouse.co.kr

출판등록 2004년 3월 1일 제2004-0004호

ISBN 978-89-92272-14-8 [18790]

copyright ⓒ 유학수, 2008

※무단 전재나 무단 복제를 금합니다.
※잘못된 책은 바꿔드립니다.

아홉가지 테마로 익히는

시사 러시아어 작문

유 학 수 지음

СБОРНИК УПРАЖНЕНИЙ ПО ПЕРЕВОДУ
(НА МАТЕРИАЛЕ ГАЗЕТНЫХ СТАТЕЙ)

『아홉가지 테마로 익히는 시사 러시아어 작문』 교재를 펴내며

대학교에서 러시아어를 가르치면서 어떻게 하면 작문 실력을 향상시킬 수 있냐는 질문을 자주 받곤 합니다. 언어 사용의 측면에서 쓰기 영역 능력의 최종 단계가 외국어 학습자가 자신의 사상과 감정을 학습 언어로 표현하게 하는 과정, 즉 작문일 겁니다. 그런 점에서 작문은 번역과는 다른 문제로 다루어져야 합니다. 작문은 특정 주제에 대한 글 쓰는 이의 생각을 서술하는 것인 반면에 번역은 원문을 생산한 작자와 번역자가 대개 다릅니다. 다시 말해서 다른 사람의 생각과 감정을 다른 언어로 변환하는 과정인 셈이라고 할 수 있습니다. 하지만 외국어로서 특정 언어를 사용한다는 것이 원어민 화자들이나 필자들이 기존에 사용하는 언어 수단, 즉 단어나 표현, 구문 등을 모방하는 과정을 필연적으로 거칠 수 밖에 없음을 인정한다면 능동적 학습 수단으로서 번역은 나름의 가치가 있다고 할 수 있습니다. 학습자 개인의 언어 능력이 번역의 단계에서 작문의 단계로 발전하는 것은 사고력과 종합력과 같은 인지적 주관적 영역에 놓이기 때문에 번역을 통한 작문 능력 향상에 의문을 가질 수 있습니다. 하지만 설사 그렇다고 해도 외국어 학습자가 학습언어의 도착어 번역 학습을 통해서 얻을 수 있는 실익은 결코 작지 않습니다. 단, 이와 같은 학습 방법에는 다양한 번역 대안들 사이에 존재하는 문체적 차이점에 대한 인식이 필요하다고 하겠습니다.

본 교재는 바로 번역을 통해서 궁극적으로 학습자의 작문 능력을 향상시키는데 목적을 두고 있습니다. 특히 러시아어에서 글말의 영역뿐만 아니라 표준어 입말의 영역에서도 광범위하게 사용되는 저널리즘 문체의 텍스트 생산 능력을 목표로 정하고 한국어 원문은 통역번역대학원 재학시절부터 틈틈이 정리해 놓은 한국 신문 기사에서 발췌하였습니다. 이렇게 수집된 신문 기사 문장들을 주제별로 분류하여 학습자들이 특정 주제 작문에 필요한 어휘(표현과 단어)를 효율적으로 기억하고 사용할 수 있도록 최대한 배려하였습니다.

인터넷으로 대변되는 IT기술의 발전에 힘입어 러시아를 포함한 전세계에서 일어나고 있는 사건과 뉴스들을 실시간으로 접할 수 있는 상황에서 본 교재는 러시아어를 공부하는 대학교 3,4학년 학생들과 대학원생들에게 주제별 고급스런 문장을 러시아어로 번역할 때 문형을 익히고 자신감을 심어주기 위해 집필되었습니다.

이 교재는 크게 세 부분으로 구성되어 있습니다. 주제별로 9개 분야로 나누어 구성된 Ⅰ장에서는 경제, 국제뉴스, 남북관계, 사회·문화, 스포츠, 의학, 전자상거래, 환경, 기타 주제 관련 문장을 번역하는데 도움을 주는 술어의 문법적 논항가(грамматическая валентность)가 표시된 핵심어휘 및 표현과 그에 따른 해설과 참조할 내용을 설명해 놓았습니다. Ⅱ장에서는 주제별 연습문제에 대한 해답을 각주를 통한 유사표현과 함께 제시하였고 Ⅲ장 부록에서는 작문 주제별 보충용어와 모스크바 유학시절 틈틈이 모은 활용빈도수가 높은 기본 동사와 부사, 명사와 형용사가 결합된 표현들을 정리하여 한국어 대응어와 함께 정리해 놓았습니다. 또 110여개에 달하는 각주를 통해 고급 러시아어 문장을 번역할 때 자주 발생할 수 있는 미묘한 뉘앙스 차이와 유용한 동의적 표현들을 설명과 함께 적어 놓았습니다.

이런 점에서 본 교재가 러시아어를 공부하고 있는 3,4학년 학생들과 통역번역대학원 학생들뿐만 아니라 한국과 러시아에서 활동하고 있는 통번역사들에게도 좋은 길라잡이가 될 수 있지 않을까 하는 기대를 가져 봅니다.

『아홉가지 테마로 익히는 시사 러시아어 작문』이 세상에 빛을 보게 되기까지 많은 사람들의 도움이 있었습니다. 협소한 판매시장일 수 밖에 없는 러시아어 교재 출판임에도 불구하고 선뜻 용단을 내려주신 뿌쉬낀하우스 김선명 대표님, 교재가 완성되는 과정에 실질적 도움과 많은 조언을 해준 아제르바이쟌 국립외국어대학교 한국어과 최 호 교수, 언제나 힘든 러시아어 교정 작업을 흔쾌히 맡아 큰 도움을 준 선문대 С.О. Дьячкова 선생님과 상명대 Р.А. Кулькова 선생님, 한글 교정에 도움을 준 김사라, 김규형 학생 그리고 교재의 모습을 갖추기 전 실제 수업시간에 많은 시사점과 보완할 내용을 제공해 준 사랑하는 선문대 학부 학생들과 통역번역대학원 한러과 학생들에게 고마운 마음을 전합니다. 마지막으로 늘 연구실에서 늦게 귀가하는 것이 일상이 되어버린 무심한 아빠에게 해맑은 웃음으로 힘을 북돋워 주는 만능 스포츠맨 정훈이와 얼굴도 마음도 너무 예쁜 나영이에게, 그리고 교재 집필에 전념할 수 있도록 시간을 허락해주고 건강을 돌봐준 아내 홍정현 선생에게 고마운 마음과 가족과 많은 시간을 함께 하지 못한 미안한 마음을 전합니다.

봉서산이 보이는 햇살 가득한 연구실에서
유학수 씀

Contents

『아홉가지 테마로 익히는 시사 러시아어 작문』교재를 펴내며 _4
차례 _6

1 주제별 작문
- 01 '경제' 관련 작문 _8
- 02 '국제뉴스' 관련 작문 _21
- 03 '남북관계' 관련 작문 _45
- 04 '사회·문화' 관련 작문 _59
- 05 '스포츠' 관련 작문 _73
- 06 '의학' 관련 작문 _86
- 07 '전자상거래' 관련 작문 _93
- 08 '환경' 관련 작문 _97
- 09 '기타주제' 관련작문 _104

2 연습문제 해답 _113

3 부록
- 01 주제별 작문의 보충용어 _158
- 02 활용빈도수가 높은 기본(지각, 운동) 동사와 부사의 어결합 _171
- 03 활용빈도수가 높은 명사와 형용사의 어결합 _177

4 참고문헌 및 관련사이트 _181

1

주제별 작문

01 '경제' 관련 작문 _8
02 '국제뉴스' 관련 작문 _21
03 '남북관계' 관련 작문 _45
04 '사회·문화' 관련 작문 _59
05 '스포츠' 관련 작문 _73
06 '의학' 관련 작문 _86
07 '전자상거래' 관련 작문 _93
08 '환경' 관련 작문 _97
09 '기타주제' 관련작문 _104

01 '경제' 관련 작문

1 한국경제가 상승 국면에 접어들었다.

어휘 및 표현

- 국면에 접어들다 – (ЧТО) войти в (какую) фазу ЧЕГО
    - 참조(1) фаза ① 국면, 단계(стадия)
        ② (학술적 의미로)상(相), 위상(位相): ~ы Луны 달의 위상 / ~покоя [생물학] 휴면상 / твёрдая(жидкая, газообразная) ~ [화학] 고(액, 기)상
    - 참조(2) '새로운 국면(단계)에 접어들다'란 표현은 вступить в новую фазу도 있습니다.
- 상승 국면 – фаза подъёма

러시아어 표현

Корейская экономика вошла в фазу подъёма.

2 무역수지 흑자가 11억 2천만달러였다.

어휘 및 표현

- 무역수지 흑자[적자] – положительное[отрицательное] сальдо торгового баланса
    - 참조(1) '무역수지 흑자[적자]'란 표현은 активное[пассивное] сальдо торгового баланса 도 있습니다.
- 천 유로였다/이다 – ЧТО составило/ составляет одну тысячу евро

러시아어 표현

Положительное сальдо торгового баланса составило 1 миллиард 120 миллионов долларов.

해설

소수점을 활용하여 표현할 수 있는 다음의 9가지 경우를 가지고 큰 단위의 숫자를 연습해 보세요.

△,△ тыс.	~천~백	2,5 тыс.	2500
△△,△ тыс.	~만~천~백	22,5 тыс.	2만2500
△△△,△ тыс.	~십만(~십~만~천~백)	222,5 тыс.	22만2500
△,△ млн.	~백만(~백~십만)	3,5 млн.	350만
△△,△ млн.	~천만(~천~백~십만)	33,5 млн.	3350만
△△△,△ млн.	~억(~억~천~백~십만)	334,5 млн.	3억3350만
△,△ млрд.	~십억(~십~억)	4,5 млрд.	45억
△△,△ млрд.	~백억(~백~십~억)	44,5 млрд.	445억
△△△,△ млрд.	~천억(~천~백~십~억)	444,5 млрд.	4445억

숫자가 주격 또는 대격으로 사용되었을 경우, 1 다음의 숫자에는 одна тысяча, один миллион [миллиард]라고 쓰며, 2,3,4 다음이나 소수점 이하의 모든 숫자 다음에는 〈단수 소유격(생격)〉 형태인 тысячи, миллиона, миллиарда로 씁니다. 그리고 5–20까지의 숫자 다음에는 тысяч, миллионов, миллиардов로 써야 합니다.

3 국제투자은행들이 잇따라 2002년 한국 경제 성장 전망치를 상향조정하고 있습니다.

어휘 및 표현
- 상향조정하다 – (КТО) изменять свои прогнозы в сторону повышения

해설
연도의 표현 중 특히 2000년과 2001(2002, 2003...)년에 주의해서 연습해 보세요
(2000년에 : в двухтысячном году / 2001년에 : в две тысячи первом году)

러시아어 표현
Международные инвестиционные банки один за другим изменяют свои прогнозы относительно роста экономики РК 2002 года в сторону <u>повышения</u>❶.

예제 1 그는 중국경제의 급속한 성장속도, WTO 가입, 2008년 올림픽 개최권 획득을 높이 평가하였다.

어휘 및 표현
- 올림픽 개최권을 획득하다 – (КТО) завоевать право проведения в стране Олимпийских игр

러시아어 표현
Он <u>дал высокую оценку быстрым темпам</u>❷ роста экономики Китая, его вступлению в ВТО и завоеванию права проведения в стране Олимпийских игр 2008 года.

예제 2 블라디미르 푸틴 대통령은 2005년 1월 1일부터 러시아와 벨로루시에서 러시아 루블을 단일 화폐로 사용하도록 하는 것을 준비하도록 정부에 지시했다.

어휘 및 표현
- 러시아 루블이 단일 화폐로 사용되는 것을 준비하다 – (КТО) подготовиться к введению российского рубля в качестве единого платёжного средства.

---

❶ ускорения
❷ высоко оценил быстрые темпы

러시아어 표현

Владимир Путин поручил правительству подготовиться к введению с 1 января 2005 года российского рубля в качестве единого платёжного средства как в России, так и в Белоруссии.

> **예제 3** 지난 목요일 미국 유가가 2000년 12월 이후 최고치를 기록했다고 한다. 뉴욕 시장에서 2월 유가는 배럴당 33.62달러에 도달했다.

어휘 및 표현

- 배럴당 33.62달러에 도달하다 – цена достигла 33,62 доллара за баррель

러시아어 표현

В четверг цены на нефть поднялись в США до самой высокой отметки с 1 декабря 2000 года. Цена на февральские фьючерсы на Нью-йоркской товарной бирже достигла 33,62 доллара за баррель.

4 한덕수 재정경제부 장관은 반덤핑 조치에 대한 우려를 나타냈다.

어휘 및 표현

- 재정경제부 – Министерство финансов и экономики
- 반덤핑 조치를 취하다 – (КТО) предпринять антидемпинговые меры
- ~에 대한 조치에 대해 우려를 나타내다 – (КТО) выразить (свою) озабоченность по поводу ЧЕГО

러시아어 표현

Министр финансов и экономики Хан Док Су выразил свою озабоченность по поводу антидемпинговых мер.

해설

러시아어 동사의 상

(1) 시제와 상 ┬ 완료상 : 과거 – 성수 변화 Он написал письмо.
　　　　　　　│　　　　　　미래 – 인칭 변화 Он напишет письмо.
　　　　　　　└ 불완료상 : 현재 – 인칭 변화 Он пишет письмо.
　　　　　　　　　　　　　　과거 – 성수 변화 Он часто писал письма.
　　　　　　　　　　　　　　미래 – быть의 인칭 변화 + 동사의 미정형 (합성 미래)
　　　　　　　　　　　　　　　　Он будет писать часто.

(2) 상을 만드는 방법
　① 접두사(приставка)로 만들어지는 동사들 : читать/прочитать
　② 접미사(суффикс)로 만들어지는 동사들 : решать/решить, рассказывать/рассказать, уставать/устать, отдыхать/отдохнуть

③ 어간이 전혀 다른 동사들 : брать/взять, говорить/сказать, искать/найти
④ 접두사와 접미사로 만들어지는 동사 : покупать/купить
⑤ 불완료상만 갖는 동사 : участвовать
⑥ 완료상만 갖는 동사 : состояться
⑦ 완료상와 불완료상이 같은 동사 : использовать

(3) 완료상과 불완료상의 의미

동사를 사용할 때는 상의 기본 의미를 고려하여 상을 선택해야 한다.

- 완료상의 기본 의미 : 동사가 뜻하는 동작이 완결되어 더 이상 일어나지 않음을 의미한다. 동작의 완료성은 동작이 시간성을 가짐을 뜻한다.

  예) Он решил проблему быстро.
  Она открыла окно.
  Он скажет мне об этом.

- 불완료상의 기본 의미 : 동사가 의미하는 동작의 완결성은 중요하지 않고 단지 어떤 동작을 뜻하느냐가 관심의 초점이 된다. 따라서 동작에 시간성의 비중이 작다.
  ① 진행중인 동작이나 반복적인 동작을 표현하는 데 사용한다.
  ② 습관적인 동작을 표현하는데 사용한다.
  ③ 동작 그 자체를 의미할 때 사용한다. (그 동작이 있었음 또는 있을 것임만을 강조한다고 할 수 있다)

  Утром он решал проблему. (진행)
  Она открывала окно. (동작 그 자체)
  Он часто говорит мне об этом. (반복)
  Во время каникул он будет вставать рано утром. (습관)

(4) 불완료상 동사의 용법
  ① всегда, долго, постоянно, часто, обычно, каждый день, по вечерам 등의 부사는 항상 불완료상 동사와 함께 쓰인다.
  ② начинать, продолжать, кончать 등의 동사들은 불완료상 동사와 함께 쓰인다.

(5) 완료상 동사의 용법
  вдруг, неожиданно, сразу 등의 부사는 완료상 동사와 함께 쓰인다.

(6) 상이 다르면서 의미도 달라지는 동사의 예는 다음과 같다.
  читать / перечитать(다시 읽다) / перечитывать(다시 읽다)
  불완료상   완료상   불완료상

일상회화와 마찬가지로 대부분의 시사관련 작문에서도 위에 설명한 불완료상의 의미로 쓰이는 경우를 제외하고는 대부분 완료상 동사를 쓴다.

| 예제 **1** | 이 회사는 초박막 액정 표시장치(TFT-LCD) 생산 기업을 중국기업에 매각했다. |

어휘 및 표현

- 초박막 액정 표시장치(TFT-LCD) – тонкоплёночный жидкокристаллический дисплей

러시아어 표현

Эта фирма продала своё предприятие по производству тонкоплёночных жидкокристаллических дисплеев китайской компании.

| 예제 **2** | 맥도날드사가 목요일 517개의 점포를 폐쇄했다고 발표한 사실을 파이넨셜 타임즈紙가 전했다. |

어휘 및 표현

- 점포를 폐쇄하다 – закрыть рестораны своей сети

러시아어 표현

Компания «МакДоналдс (McDonald's)» объявила в четверг о закрытии 517(пятисот семнадцати) ресторанов своей сети, сообщает «Financial Times».

| 예제 **3** | 전문가들은 무엇보다도 양국 간의 거시경제 정책과 통화정책의 조정이 거론되고 있다고 말해왔다. |

어휘 및 표현

- ~이 거론되다 – речь идёт о ЧЁМ
- 거시경제 정책과 통화정책 – макроэкономическая и валютная политика

러시아어 표현

Эксперты говорили, что речь идёт прежде всего о координации макроэкономической и валютной политики двух государств.

| 예제 **4** | 1999년 말 현재 한국기업의 대러시아 직접투자액은 2억 1020만 미 달러였다. |

어휘 및 표현

- 한국기업의 대러시아 직접투자액 – прямые инвестиции южнокорейских фирм в российскую экономику

러시아어 표현

На конец 1999 года прямые инвестиции южнокорейских фирм в российскую экономику составили 210,2 млн. долл. США.

연습문제

1 북경에 본사를 둔 중국기업은 컴퓨터 보조장치 생산업체이다.

2 이번 예측에는 유가 상승 가능성을 고려하지 않은 것이라는 단서가 있다.

3 그는 자기 친구로부터 수십 억원의 뇌물을 받은 혐의를 받고 있다.

4 이것은 결국 미국의 소비자들에게 금전적인 부담으로 작용할 것이다

5 이 회사는 국제컨소시엄 구성을 통해 견고한 재정적 기반을 조성했다.

6 한국은 외환보유고 규모로는 일본, 중국, 대만, 홍콩에 이어 세계 5위다.

7 이러한 결정은 대북 경제 제재가 불가피하다는 의미를 내포하고 있다.

Key point

- 본사 штаб-квартира
- 컴퓨터 보조장치 생산업체 производитель вспомогательного компьютерного оборудования

- 유가 상승 повышение цен на нефть
- ~라는 단서가 있다 есть оговорка о том, что~

- 수십 억원의 뇌물을 받다 получить несколько миллиардов вон в качестве взятки
- 혐의를 받다 (КТО) подозреваться в ЧЁМ
  [참고] КТО подозревает КОГО

- 미국의 소비자들 американские потребители
- 금전적인 부담이 되다 (ЧТО) ударить КОГО по карманам

- 국제컨소시엄을 구성하다 создать международный консорциум

- 외환보유고 규모로는 по размеру валютных резервов

- 불가피한 대북 경제 제재 неминуемое введение в отношении Пхеньяна экономических санкций

연습문제

8 올해 3월에 있을 OPEC의 다음 회기에서 석유생산량 감산에 대한 결정이 내려질 것으로 보인다.

9 기업의 개혁과 구조조정의 결과에 따라 한국의 국가신용등급이 현수준에서 올라 갈 수 있다.

10 중국 측은 중국회사 직원들을 위해 비자수속 및 입국절차를 간소화해 줄 것을 남한 정부에 요청하였다.

11 한국 정부는 아시아 개발 은행에 진 38억 달러의 빚을 기한 전에 갚기로 결정하였다.

12 그는 치부(致富)를 위한 권력형 비리에 그가 연루됐는지에 대한 질문에 답하기 위해 판사들 앞에 섰다.

13 그는 다양한 특혜와 특권을 제공하는 대가로 여러 기업체로부터 거액의 뇌물을 수수한 혐의로 체포되었다.

Key point

- 석유수출국기구(OPEC) Организация стран-экспортёров нефти
- 석유생산량 감산 снижение объёмов добычи нефти

- 기업 구조조정의 결과에 따라 в зависимости от результатов реструктуризации предприятий
- 한국의 국가신용등급 страновой рейтинг кредитоспособности РК

- 비자수속 및 입국절차를 간소화하다 упростить визовые формальности и въездные процедуры для КОГО

- 아시아 개발 은행 Азиатский Банк развития
- ~의 빚을 기한 전에 갚다 (КТО) досрочно погасить свои долги в размере ЧЕГО

- ~위해 판사들 앞에 서다 (КТО) предстать перед следователями для ЧЕГО
- ~와 관련된 비리 연루 причастность к скандалу, связанному с ЧЕМ
  [참고] КТО причастен к ЧЕМУ

- 특혜와 특권을 제공하다 (КТО) предоставить льготы и привилегии
- ~대가로 ~부터 뇌물 수수 получение взяток от КОГО в обмен на ЧТО
  [참고] КТО получает ЧТО (взятки)

14 매달 금강산을 찾는 관광객 수가 관광 사업의 채산성 확보를 위한 최소수준인 12,000명을 넘어서기 시작했다.

15 국제통화기금은 "세계경제에 대한 견해" 3월호에서 남한의 경제 성장은 5% 이내가 될 것이라고 예측한 바 있다.

16 워싱턴 포스트는 토요일에 뱅크 오브 아메리카의 현금인출기 대부분이 컴퓨터 바이러스로 인해 사용이 중지되었었다고 전했다.

17 "하이닉스"회사는 현재 50억 달러로 산정되는 부채 총액 중 일부만이라도 되찾고자 하는 채권자들의 관리 하에 있다.

18 "유로화의 강세는 작년 4억 달러 규모의 대외 부채 추가 증가를 가져왔으며 이는 예산에 반영되었다."

19 비탈리 슈바는 "모든 달걀을 한 바구니에 넣는 것이 아니다"라는 유명한 영국 속담을 인용하면서 루블, 달러, 유로화 이 세가지로 저축하는 것이 가장 좋다고 말했다.

Key point

- 금강산 го́ры Кымгансан 또는 Алмазные горы
- 채산성 확보를 위한 최소수준 минимальный уровень для обеспечения рентабельности

- 국제통화기금 Международный валютный фонд (МВФ)
- "세계경제에 대한 견해" 3월호에서 в мартовском выпуске своего так называемого «Взгляда на мировую экономику»
- 5% 이내가 될 것이다 быть в пределах 5(пяти) процентов

- 현금인출기 банкомат
- 컴퓨터 바이러스로 인해 из-за (действия) компьютерного вируса

- 50억 달러로 산정되는 부채 총액 중 일부 часть из общей суммы долгов, исчисляемых 5(пятью) миллиардами долларов
- 채권자들의 관리 하에 있다 (ЧТО) находиться под контролем кредиторов

- 예산안으로 책정되었던 4억 달러에 해당하는 금액 в размере $400(четырёхсот) млн., что было предусмотрено бюджетом
  [참고] Он уехал, что нас огорчило [чем нас расстроил, о чём не сообщил]

- 모든 달걀을 한 바구니에 넣는 것이 아니다 все яйца в одну корзину не кладут
- 저축하다 (КТО) хранить средства

연습문제

20 러시아의 개방형 주식회사인 아에로플로트사가 파업 직전 상태에 놓였다고 밝혔다. 항공사 직원 5000명의 이익을 대변하는 세 개의 노동조합이 파업에 참가할 준비가 되어 있다.

21 BBC 방송은 런던 증시에서 대기업들의 주가 하락세가 지속되고 있다고 전했다. 월요일 시장 개장과 더불어 100개의 대기업 품목이 111포인트 하락해 3492를 기록했다.

22 세계 환율 시장에서의 달러에 대한 유로 환율 상승이 러시아 경제에는 손해를 끼치지 않을 것이며 러시아에 갑작스러운 인플레 현상을 유발하지는 않을 것이라고 비탈리 슈바 국가 예산위 부위원장이 Вести.Ru와 가진 인터뷰에서 밝혔다.

23 파업의 결과 노동자들의 임금이 인상되었다.

24 미국의 자동차 회사인 포드 자동차는 어제 대우차 인수 포기 결정을 내렸다.

25 전경련협회는 경제외교를 강화하기로 결정했다.

Key point

- 개방형 주식회사 открытое акционерное общество (ОАО)
- 파업 직전 상태 предзабастовочное состояние
- 노동조합 профсоюзные организации)
- 주가 하락세가 지속되고 있다 продолжается падение стоимости акций
- 111포인트 하락하다 (ЧТО) снизиться на 111 пунктов
  [참고] КТО снизил ЧТО; ЧТО снизило ЧТО; ЧТО снизилось в результате ЧЕГО
- 달러에 대한 유로 환율 상승 рост курса евро к доллару США
- 갑작스러운 인플레 현상을 유발하다 (ЧТО) вызвать всплеск инфляции
- 비탈리 슈바 국가 예산위 부위원장 заместитель председателя думского Комитета по бюджету Виталий Шуба
- 파업 забастовка
- 임금 인상을 이루어내다 добиться повышения зарплаты
- 대우차 인수 포기 결정을 내리다 принять решение об отказе от покупки южнокорейского автозавода «Дэу мотор»
- 전경련 Корейская федерация промышленников
- 경제외교를 강화하다 активизировать экономическую дипломатию

26 공무원들이 경제적 어려움 없이 맡은 바 임무에 충실하도록 처우조건을 개선해야 한다.

27 대한무역진흥공사(KOTRA)는 베트남에 무역 사무소를 연내에 설치할 것이라고 밝혔다.

28 수출이 조금 부진하다고 해서 걱정할 필요는 없다.

29 정부는 무역수지 흑자를 달성하기 위해 현행 무역제도의 전반적인 개편을 검토 중이다.

30 WTO는 제 2차 세계대전 이후 세계무역질서를 지배해 온 '관세와 무역에 관한 일반협정'(GATT)을 한층 강화하고 우루과이라운드의 이행을 효과적으로 뒷받침하기 위한 기구이다.

31 최근 중동 사태에 따른 유가 상승 추세로 에너지 절약 운동이 펼쳐지고 있다. 이 캠페인은 각 가정과 직장에서도 실시되어야 한다.

Key point

- 공무원 государственные служащие
- 임무에 충실하다 (КТО) добросовестно выполнять служебные обязанности
- 처우조건을 개선하다 (КТО) улучшить материальное положение КОГО

- 대한무역진흥공사(KOTRA) - КОТРА (Корейская Корпорация по развитию торговли)
- 무역 사무소를 설치하다 (КТО) открыть торговое представительство (в КАКОЙ стране)

- 수출부진 снижение объема экспорта
- 성장률 темпы роста

- 무역수지 흑자 положительное сальдо торгового баланса
- 전반적으로 개편하다 провести всестороннюю реконструкцию ЧЕГО

- 제 2차 세계대전 이후 с момента окончания Второй мировой войны
- 관세와 무역에 관한 일반협정 (GATT) (GATT) - Общее генеральное соглашение о тарифах и торговле (ГАТТ)
- 우루과이라운드 Уругвайский раунд

- 중동 사태 обстановка на Ближнем Востоке
- 유가 상승 повышение цен на нефть
- 에너지 절약 운동 кампания по экономии энергии

연습문제

32 한국 농업문제를 해결하는데 있어서 가장 중요한 것은 농산물 수입개방을 최대한 규제하여 국내 농업을 보호하는 것이다.

33 우리나라 국민들은 주택문제가 정부가 시급히 해결해야 할 가장 중요한 문제라고 생각하고 있다.

34 최근 산업자원부는 석유수출국기구(OPEC) 국제각료회의가 유가를 인상하기로 결정한다 해도 국내 기름값을 인상하지 않을 것이라고 밝혔다.

35 지난 금요일 하이닉스 반도체 채권자들은 빚더미에 앉은 이 회사에 대한 강도 높은 구조조정안을 내놓았다.

36 국세청에 따르면, 6개 재벌그룹의 부동산 중 35%가 비업무용으로 밝혀져 부동산 투기 행위의 규제가 불가피하다.

37 최근 국내 대기업들이 농수산물 수입에 혈안이 되어 있어 농촌 경제의 황폐화를 더욱 가속하고 있다.

Key point

- 농업문제 сельскохозяйственный вопрос
- 농산물 수입개방을 최대한 규제하다 (КТО) усилить контроль над импортом сельскохозяйственной продукции
- 정부가 해결해야 할 가장 중요한 문제 главная проблема, которую правительство скоро решит
- 산업 자원부 Министерство промышленности и ресурсов
- 국내 기름값을 인상하다 (КТО) повысить стоимость бензина внутри страны
- 석유수출국 기구(OPEC) ОПЕК (Организация стран-экспортёров нефти)
- 하이닉스 반도체 «Хайникс семикондактор»
- 강도 높은 구조조정 안을 제기하다 (КТО) выдвинуть проект решительной реструктуризации
- 국세청 налоговое управление
- 6개 재벌그룹의 부동산 недвижимое имущество шести крупнейших групп
- 비업무용으로 사용되다 (ЧТО) использоваться (КЕМ) в непроизводственной сфере
  [참고] КТО использует ЧТО
- 투기 행위의 규제하다 (КТО) прекратить спекуляцию ЧЕМ
- 농촌 경제의 황폐화를 더욱 가속 시키다 (ЧТО) обострять тяжёлое положение сельского хозяйства
- 수입에 혈안이 되다 (КТО) всё активнее стремиться к импорту

38 올해 대한민국의 국내총생산(GDP)은 5%가 늘어나고 무역수지 흑자 규모도 50억불에 이를 것이다.

39 한국 최대의 자동차 생산업체인 현대 자동차는 지난 한 달간 일본에서 자사 자동차 329대를 판매했다. 이는 월간 최고 수치이다.

40 정부는 집중 폭우로 피해를 입은 개인과 기업에 특혜를 주고 재해 대책 재원을 조성하기로 했다.

41 현지 생산업체들은 러시아가 극동지역 항구를 통한 고철 수출금지 조치를 취할 예정이라는 보도에 심히 우려하고 있다.

42 뜻하지 않게 밀어닥친 페르시아만 사태로 경제의 전망이 불투명하다고는 하지만 우리는 충분히 이를 극복할 수 있는 저력을 가지고 있기 때문에 아직 비관하기에는 이르다.

43 전윤철 부총리겸 재정부 장관과 박승 한국은행 총재 그리고 상업은행 대표들은 오늘 제 35차 아시아 개발 은행, 즉 ADB 연차 총회 참석을 위해 상하이로 떠났다.

Key point

- 국내총생산(GDP) валовой внутренний продукт (ВВП)
- 경상수지 흑자 активное сальдо торгового баланса

- 자동차생산업체 автомобилестроительная компания
- 월간 최고 수치 наивысший месячный показатель

- 혜택을 주다 (КОМУ) дать льготы КОМУ
- 재해 대책 재원을 조성하다 (КОМУ) создать фонд помощи при несчастных случаях
- 집중 폭우 проливные дожди/ ливни

- 극동지역 항구를 통한 через (свои) дальневосточные порты
- 고철 수출 금지 조치를 취하다 (КТО) предпринять меры по запрету экспорта металлолома

- 페르시아만 사태 положение дел в Персидском заливе
- 비관하기에는 이르다 об этом судить преждевременно
- 저력을 가지고 있다 у КОГО достаточно сил

- 박승 한국은행 총재 президент Центрального корейского банка Пак Сын
- 35차 아시아 개발 은행 연차 총회 참석 участие в 35-й генеральной конференции Азиатского банка развития

연습문제

44 최근 잇달아 발생하고 있는 기름 유출에 의한 해양오염사고는 그 규모와 피해가 점점 커지고 있지만 이에 대한 방지 대책이 없어 심각한 사회문제로 대두되고 있다.

_____

45 올해들어 발생한 노사 분규가 작년에 비해 20% 감소했다. 그 주된 이유는 대부분의 회사가 노사가 동시에 참여해서 대화하고 토론하는 기회를 가질 수 있는 세미나를 개최했기 때문이다.

_____

46 포드사의 대우차 인수 포기발표에 따라 현대와 GM 등 대우자동차 인수전에 참여해온 자동차 회사들이 대우차 인수를 다시 추진하겠다는 입장을 밝혔다.

_____

Key point
- 해양오염사고 случаи загрязнения моря
- 기름 유출 утечка нефти
- 방지 대책이 없어 в результате отсутствия профилактических мер
- 사회문제로 대두되다 (ЧТО) стать серьёзной социальной проблемой

- 노사 분규 конфликты рабочих с предпринимателями
- 노사가 동시에 참여한 세미나 семинары, в которых одновременно участвовали рабочие и предприниматели

- 미국의 자동차 회사인 포드 자동차 американский автогигант «Форд моторс»
- 인수를 포기하다 (КТО) принять решение об отказе от покупки
- 대우차 인수를 다시 추진하겠다는 입장을 밝히다 (КТО) вновь выразить намерение приобрести «Дэу Мотор»

02 '국제뉴스' 관련 작문

1 남한 법률에 따르면 북한을 방문하려고 하는 모든 국민은 정부로부터 공식 허가를 받아야만 한다.

어휘 및 표현

- 남한 법률에 따르면 – по южнокорейским законам
- 북한을 방문하려고 하는 모든 국민은 – каждый гражданин страны, планирующий поездку на Север
- 허가를 받다 – (КТО) получить разрешение от КОГО

러시아어 표현

По южнокорейским законам каждый гражданин страны, планирующий поездку на Север, должен получить официальное разрешение от правительства.

해설

형동사는 동사의 '변종적(гибридный)' 형태로서 형용사적 자질(성, 수, 격변화, 장,단어미, 명사와의 일치, 정어 또는 합성 술어의 명사적 성분이라는 통사적 기능)과 동사의 자질(상, 태, 시제, 타동성과 재귀성이라는 어휘-문법적 속성, 동사의 지배 속성 유지)을 갖는다.

(1) '~하고 있는'으로 번역되는 능동형동사 현재형은 불완료체 동사 3인칭 복수 인칭 변화에서 т를 떼어내고 –щий를 붙인다(ущ-/-ющ-, -ащ-/-ящ-).

미정형	3인칭 복수	능동 형용사 현재	
читать	они читают	читающий	읽고 있는
говорить	они говорят	говорящий	말하고 있는

(2) '~하고 있던/ ~한(했던)'으로 번역되는 능동 형동사 과거형은 과거형 어간이 모음으로 끝나는 경우는 –вший를, 과거형 어간이 자음으로 끝나는 경우는 –ший를 붙인다.

미정형	남성 과거형	능동 형용사 과거	
читать	читал	читавший	읽고 있던
сдать	сдал	сдавший	합격한
помочь	помог	помогший	도와준
расти	рос	росший	성장한

(3) '~되고 있는'으로 번역되는 피동 형동사 현재형은 불완료체 타동사 1인칭 복수(мы)변화형에 ый를 붙인다.

미정형	1인칭 복수	피동형용사 현재	
читать	мы читаем	читаемый	읽히고 있는
любить	мы любим	любимый	사랑받고 있는

организовать	мы организуем	организуемый	조직되고 있는
производить	мы производим	производимый	생산되고 있는

(4) '~되었던'으로 번역되는 피동 형동사 과거형은 —ить로 끝나는 동사는 1인칭 단수 변화형 어간에 어미를 떼어내고 —енный/-ённый를 붙이고 —ать/-ять로 끝나는 동사의 경우에는 과거형 어미 —л을 떼어내고 —нный를 그리고 взять, начать, пить, забыть, открыть, петь의 변화유형을 따르는 동사의 경우에는 —тый를 붙인다.

미정형	1인칭 복수	피동형용사 현재	
бросить	брошу	брошенный	던져진
испечь	испеку (к→ч)	испечённый	구워진
исправить	исправлю	исправленный	수정된
обнажить	обнажу	обнажённый	벗겨진
одеть	одел	одетый	입혀진
организовать	организовал	организованный	조직된
ослабить	ослаблю	ослабленный	약해진
покинуть	покинул	покинутый	버려진
построить	построю	построенный	지어진
прочитать	прочитал	прочитанный	읽혀진
снизить	снижу	сниженный	낮춰진
утомить	утомлю	утомлённый	피로해진
привести	приведу	приведённый	연행된
принести	принесу	принесённый	가지고 온

> **예제 1** 오늘 〈교토 통신〉은 오는 10월 21일과 22일 서울에서 열리는 아셈, 즉 아시아 유럽 정상회의에 북한을 초대하자는 제안이 아시아 여러 국가들로부터 나왔다고 수린 핏수완 태국 외무장관의 말을 인용해서 보도했다.

어휘 및 표현
- 아시아 유럽 정상회의 – Евро-Азиатский саммит
- 북한을 초대하자고 제안하다 – (КТО) высказаться за приглашение КНДР
- 〈교토 통신〉 – информационное агентство «Киодо Цусин»

러시아어 표현
Сегодня информационное агентство «Киодо Цусин» со ссылкой на министра иностранных дел Таиланда Сурина Пицувана сообщило, что ряд азиатских стран высказался за приглашение КНДР на Евро-Азиатский саммит, запланированный на 21-22 октября в Сеуле.

> **예제 2** 인터넷 업체인 'VIP' 사가 인터넷 사용자 13165명을 대상으로 실시한 최근 설문 조사 결과에 따르면 응답자의 26.5%가 ~라고 대답했다.

어휘 및 표현

- 인터넷 유저 – пользователи Интернета, 응답자 – респондент

러시아어 표현

<u>Согласно результатам</u>❶ последнего опроса, проведённого интернетовской компанией «VIP», среди 13165 пользователей Интернета 26,5% респондентов ответили, что ~.

2 관계부처는 방문날짜 및 대표단 구성에 대해 아직 결정을 내리지 못했다.

어휘 및 표현

- 관계부처 – соответствующие департаменты
- 결정을 내리지 못하다 – (КТО) не прийти к решению о ЧЁМ

러시아어 표현

Соответствующие департаменты всё ещё не пришли к решению о дате визита и составе делегации.

해설

운동을 나타내는 동사: 정태와 부정태

(1) 부정태

Человек ходит, а птица летает. 사람은 걷고 새는 날아다닌다.
Он ходит по саду. 그는 정원을 걷고 있다.
Самолёт летает в небе. 비행기는 하늘을 날아다니고 있다.
Он ходит в университет. 그는 대학에 다닌다.
Самолёты летают на остров. 비행기는 섬을 날아다닌다.
　① 때와 무관한 일반적 운동
　② 방향이 정해져 있지 않은 운동이나 혹은 여러 가지 방향으로의 운동
　③ 왕복, 반복의 운동
Он идёт на завод. 그는 공장에 가고 있다.
Самолёт летит в Пусан. 비행기는 부산으로 날아간다.

(2) 정태

　① 일정한 때에
　② 일정한 방향을 향해서
　③ 1회 행해지는 운동

---

❶ По итогам

	정태 (편도 이동)	부정태(왕복 이동)
가다 (걸어서)	идти	ходить
가다 (타고)	ехать	ездить
가지고 가다 (걸어서)	нести	носить
운반하다 (실어서)	везти	возить
날다	лететь	летать
달리다	бежать	бегать
헤엄치다	плыть	плавать
데리고 가다	вести	водить
끌다	тащить	таскать
기다 (바닥을)	ползти	ползать
겨우 움직이다 (배회하다)	брести	бродить
쫓다	гнать	гонять
굴리다	катить	катать
기다 (위나 아래로)	лезть	лазить / лазать

예제 **1** 워싱턴 경찰은 국제통화기금과 세계은행의 봄철 합동회의를 앞두고 비상근무체제에 들어갔다.

어휘 및 표현
- 국제통화기금과 세계은행 – Международный валютный фонд и Всемирный банк
- 경계태세를 강화하다 – переходить на усиленный режим работы

러시아어 표현
Вашингтонская полиция переходит на усиленный режим работы в связи с началом весенней сессии руководящих органов Международного валютного фонда и Всемирного банка.

예제 **2** 모리 요시로 총리를 위시한 일본 내각이 오늘 사퇴했다.

어휘 및 표현
- ~를 위시한 – во главе с КЕМ
- 일본내각 – кабинет министров Японии
- 사퇴하다 – уйти в отставку

러시아어 표현
Сегодня ушёл в отставку кабинет министров Японии во главе с премьером Иосиро Мори.

| 예제 3 | 오는 토요일 미국, 캐나다 그리고 유럽에서는 미행정부의 이라크 침공 계획을 반대하는 집회가 열린다. |

어휘 및 표현

• 반대하는 집회가 열린다 – пройдут демонстрации против ЧЕГО

러시아어 표현

В субботу в США, Канаде и Европе пройдут демонстрации против планов американской администрации начать военные действия на территории Ирака.

| 예제 4 | 일본과 북한 간에는 이번 달 하순에 개최될 양국간 관계 정상화 회담 재개를 준비하기 위한 협의가 이미 진행되고 있다. |

어휘 및 표현

• 관계 정상화 회담 – переговоры по нормализации отношений
• ~위한 협의가 진행되다 – ведутся консультации для ~ [참고] КТО ведёт ЧТО

러시아어 표현

Между Японией и КНДР уже ведутся консультации для подготовки к возобновлению в последней декаде этого месяца переговоров по нормализации отношений между двумя странами.

연습문제

1 중국의 후진타오(61) 국가주석 체제가 공식 출범했다.

2 평균 3명씩의 후보자가 입후보할 것이다.

3 전국적으로 공식적인 지방선거 운동이 시작되었다.

4 중국 경찰은 탈세혐의로 양빈을 체포했다.

5 사무실에 전화와 팩스 2개 회선이 설치되었다.

6 이란의 첫번째 인공위성 발사에 관한 보도는 사실과 다르다.

7 연차보고서를 (美)의회에 제출해야 한다.

Key point

- ~ 체제
  режим КОГО
- 중국 국가주석
  глава государства КНР

- 평균 3명씩의 후보자
  в среднем на одно место по три кандидата
- 입후보하다
  баллотироваться

- 지방선거 운동
  кампания по выборам в местные органы власти

- 탈세혐의로
  по подозрению в уклонении от уплаты налогов
- 양빈 Ян Бинь

- 팩스 회선이 설치(부설)되다
  проведена линия факсимильной связи

- 이란의 첫번째 인공위성 발사
  запуск первого иранского спутника
- ~는 사실과 다르다
  (ЧТО) не соответствовать действительности

- 연차보고서
  ежегодный отчётный доклад

8 러시아는 서방 국가들과 보다 긴밀히 협력할 계획이다.

9 중국 정부의 행동은 영사관계에 관한 빈 협약에 어긋난다.

10 향후 상호관계 발전의 도상에 있던 장애물이 허물어졌다.

11 무비자 여행에 관한 협정이 5월 20일부터 발효되었다.

12 김대중 대통령은 이희호 여사와 함께 내일부터 <u>오는 8일까지 뉴욕 유엔본부에서</u> ❹ 열리는 유엔 밀레니엄 정상회의에 참석하기 위해 오늘 오전 출국했다.

13 드미트리 메드베데프 러시아 대통령은 카슈미르 지역의 긴장 고조에 대해 심각한 우려를 표명했다.

Key point

- **~할 계획이다**
  планировать + ИНФИНИТИВ

- **(영사관계에 관한 빈 협약)에 어긋나다** (ЧТО) противоречить ЧЕМУ (Венской конвенции о консульских сношениях)

- **장애물이 허물어지다**
  разрушены преграды
  [참고] КТО разрушил ЧТО; ЧТО разрушено ЧЕМ; ЧТО разрушилось в результате ЧЕГО

- **무비자 여행에 관한 협정**
  Соглашение о безвизовых поездках
- **발효되다** (ЧТО) вступить в действие

- **여사와 함께** с супругой
- **유엔 밀레니엄 정상회의에 참석하기 위해** для участия в саммите тысячелетия ООН

- **카슈미르 지역의 긴장 고조**
  нарастание напряжённости в районе Кашмира
- **~에 대한 우려를 표명하다** (КТО) выразить озабоченность по поводу ЧЕГО

---

❹ '오는 8일까지 뉴욕 유엔본부에서'처럼 시간과 장소가 같이 언급될 경우, 한국어와 마찬가지로 러시아어도 시간 (время)+장소(место)의 어순으로 번역되며, 장소의 경우는 큰 지역에서 작은 장소로 쓰여지는 한국어와는 달리, 러시아어에서는 구체적인 작은 장소를 더 강조하는 효과를 거두기 위해 작은 장소를 큰 지역보다 먼저 씁니다.

연습문제

14 한국과 일본 사이의 수역은 일본해가 아닌 동해로 불리어졌다.

15 수요일에 한반도 분단 이후 처음으로 직통전화 "핫라인"이 개통되었다.

16 전투기에 대한 상시적인 물질적-기술적 서비스 보장이 요구된다.

17 한러 정상회담은 벌써 4차례 개최되고 있다.

18 미국은 북한을 공격하지 않겠다고 공식적으로 보장할 수 있다.

19 부시 행정부는 중국, 남한, 일본, 러시아가 참여하는 다자회담의 틀안에서만 평양과의 대화에 응하겠다고 밝혔다.

20 이번 사건을 조사하고 그 주동자들에 대해 적절한 조치를 취할 필요가 있다.

Key point

- 수역 во́ды(водное пространство)

- 직통전화 "핫라인"이 개통되다 действует прямая линия «горячей связи»

- 서비스 보장이 요구된다 требуются гарантии обслуживания ЧЕГО

- 정상회담을 개최하다 (КТО) провести встречу на высшем уровне
- 벌써 4차례 개최되다 (ЧТО) проходить уже в четвёртый раз

- 공식적으로 보장하다 (КТО) предоставить официальные гарантии ЧЕГО

- ~가 참여하는 다자회담의 틀안에서만 лишь в рамках многостороннего форума с участием КОГО

- 조사하고 조치를 취하다 (КТО) расследовать ЧТО и принять меры по ЧЕМУ

21 중국 표시가 있는 미확인 어선이 조업 금지구역을 떠나 버렸다.

22 미 행정부의 대북 강경책은 한국인에게 반미감정을 불러일으키고 있다.

23 국제사회는 김정일 국방위원장❺에게 미국과 대화를 재개하도록 압력을 가하고 있다.

24 국제수로기구의 최근 결정은 국제기구 활동 원칙과 관례에 어긋나는 것이다.

25 한국인들의 일본 사람에 대한 반감과 반미감정이 고조되었다.

26 이라크 문제에 대한 독일과 프랑스와 러시아의 입장은 대체로 일치한다.

Key point
- 미확인 어선 неопознанное рыболовецкое судно
- 조업 금지구역 запретная для рыболовства зона
- 대북 강경책 жёсткая политика КОГО по отношению к КНДР
- 반미감정을 불러일으키다 (ЧТО) вызвать у КОГО антипатию к США
- 국방위원장 председатель Государственного комитета обороны КНДР
- 대화를 재개하다 (КТО) возобновить диалог с КЕМ
- 국제수로기구 Международная гидрографическая организация (МГО)
- 국제기구 활동의 원칙과 관례에 어긋나다 (ЧТО) противоречить принципам и практике деятельности международных организаций
- 일본인에 대한 한국인들의 반감 антипатия корейцев к японцам
- 반미감정 антиамериканские настроения
- 대체로 일치하다 (ЧТО) в целом совпадать
- 이라크에 대한 입장 позиции КОГО по иракской проблеме

❺ 김정일 국방위원장의 공식 직함은 '조선인민민주주의공화국 지도자(руководитель Корейской народно-демократической республики)'와 '조선노동당 총비서(генеральный секретарь Трудовой партии Кореи)'이다.

연습문제

27 북한 측은 미국 측에 잭 프리처드 대북특사의 평양방문이 연기되거나 심지어 취소될 수도 있음을 통고했다.

Key point
- ~에게 ~을 통고하다 (KTO) известить КОГО о ЧЁМ
- ~을 연기하다 (KTO) перенести ЧТО
- ~을 취소하다 (KTO) отменить ЧТО

28 중국 정부는 북한과의 미묘한 관계를 고려하여 그 문제 해결을 서두르지 않고 있다.

- 미묘한 관계를 고려하여 учитывая деликатные отношения с КЕМ
- 문제 해결을 서두르다 (KTO) спешить со (своим) решением

29 다른 한편으로 중국은 장래에 유사한 사례가 되풀이되지는 않을까 염려하고 있다.

- 유사한 사례를 되풀이 하다 (KTO) повторить аналогичные случаи

30 회담 중에 남한 측은 북한 측에 핵무기 제조 위협을 포기하도록 권유했다.

- 핵무기를 제조하다 (KTO) создать ядерное оружие
- 위협을 포기하다 (KTO) отказаться от своих угроз о ЧЁМ

31 그들은 거액의 뇌물 수수와 관련된 각종 의혹에 연루된 것으로 드러났다.

- 연루된 것으로 드러나다 (KTO) оказаться замешанными в ЧЁМ
- 거액의 뇌물 수수 получение крупных взяток

32 한국 외무부 장관의 대북 강경발언에 대해 평양 측에 사과했다.

- ~측에 사과하다 (KTO) принести извинения КОМУ за ЧТО

33 러시아는 만약 이라크 전쟁 문제가 안보리에 상정된다면 거부권을 행사할 예정이다.

- 안보리에 в Совете Безопасности ООН
- 거부권을 행사하다 (KTO) использовать право вето

34 러시아의 과제는 가장 빠른 시일 내에 북미 대화 재개를 위한 발판을 만드는 것이다.

Key point
- ~를 위한 발판을 만들다 (КТО) обеспечить условия для ЧЕГО

35 이스라엘의 샤론 총리는 중동지역에서의 러시아, 미국, 유엔, 유럽연합의 평화유지군 활동이 비효율적이라고 지적했다

- 평화유지군 활동 миротворческая деятельность

36 독일은 유엔이 이라크와의 전쟁을 결정하는 결의안을 내더라도 이에 따르지 않겠다고 밝혔다.

- 결의안을 따르다 (КТО) поддержать резолюцию

37 오늘 오스트리아 빈에서 있었던 IAEA 특별회의는 북핵문제와 한반도 정세에 있어서 전환점이 될 것이다.

- IAEA 회의 заседание Совета управляющих МАГАТЭ (Международного агентства по атомной энергии)
- 전환점이 되다 (ЧТО) стать поворотным пунктом в ЧЁМ

38 이바노프 러시아 외무장관은 미국에 머물면서 콜롬비아호의 비극적인 사고와 관련하여 미 정부와 국민에게 깊은 애도를 표한다는 말로 연설을 시작했다.

- ~에게 깊은 애도를 표하다 (КТО) выразить глубокие соболезнования КОМУ
- 콜롬비아호의 비극적인 사고 трагическая гибель экипажа космического корабля «Колумбия»

39 "우리가 북한에게 적대적인 의도를 가지고 있지 않다는 것을 명백하게 밝혔음에도 불구하고 북한은 오직 불가침 보장을 명시한 성명서만을 요구하고 있는 듯하다"라고 미 국무장관은 강조했다.

- 적대적인 의도를 가지다 (КТО) иметь агрессивные намерения
- 불가침 보장을 명시한 성명서 заявление, содержащее гарантии о ненападении

연습문제

40 목요일 이고리 이바노프 러시아 외무부 장관과의 전화통화에서 가와구치 요리코 일본 외상은 "러시아가 북핵문제를 해결하는데 중재역할을 하기를 바란다"는 희망을 표시했다.

41 샤론 총리는 이스라엘-팔레스타인간 분쟁 종식에 방해되는 재정관련 문제들에 관해서도 언급했다.

42 모하메드 엘바라데이 국제원자력기구(IAEA) 사무총장은 북한이 핵개발 시설을 재가동하고 핵확산 금지 조약을 탈퇴한 것을 비난했다.

43 모하메드 엘바라데이 국제원자력기구(IAEA) 사무총장은 3일 전세계의 모든 무기급 우라늄과 플루토늄 처리를 다국적 통제 아래 둘 것을 제안함으로써 핵확산 금지 조약 체제의 근본적 변화를 촉구했다.

44 워싱턴 포스트지에 게재된 바에 따르면 어제 알렉산드르 로슈코프 러시아 외무부 차관은 북한을 고립시키려는 미국의 정책은 잘못된 것이라고 밝혔다고 한다.

45 로슈코프 차관은 표결 전에 "북핵문제가 정치적이고 외교적인 방법으로 해결되어야 한다는 우리의 입장은 변함이 없다"고 밝혔다.

Key point

- ~와의 전화통화에서 в ходе телефонного разговора с КЕМ
- ~하는데 중재역할을 하다 (КТО) сыграть роль посредника в ЧЁМ

- 이스라엘-팔레스타인간 분쟁 종식 ликвидация палестино-израильского конфликта

- 국제원자력기구(IAEA) 사무총장 генеральный секретарь Международного агентства по атомной энергии(МАГАТЭ)
- 핵개발 시설 재가동 возобновление замороженных ранее атомных программ
- 핵확산 금지 조약 ДНЯО (Договор о нераспространении ядерного оружия)

- 무기급 우라늄과 플루토늄 처리 военная переработка урана и плутония
- 다국적 통제 아래에 두다 (КТО) взять под многосторонний контроль (ЧТО)

- 워싱턴 포스트지에 게재된 바에 따르면 как отмечает «Washington Post»
- 북한을 고립시키려는 미국의 정책 политика США, направленная на изоляцию КНДР

- 정치적이고 외교적인 방법으로 해결하다 урегулировать политико-дипломатическими средствами
- 입장은 변함이 없다 позиция остаётся прежней
  [참고] ЧТО остаётся КАКИМ

		Key point
46	미하일 고르바초프 구(舊) 소련 대통령은 "민주주의는 탱크와 미사일로 강요되는 것이 아니라 민중 스스로의 노력으로 실현될 수 있는 것"이라고 꼬집었다.	• 구(舊) 소련 대통령 президент бывшего Советского Союза • 탱크와 미사일로 강요하다 (КТО) навязать КОМУ ЧТО танками и ракетами • 민중 스스로의 노력으로 실현되다 (ЧТО) осуществляться усилиями самого народа
47	중국의 탕자쉬엔 외교부장은 이라크 내에서의 국제 무기사찰단 활동이 지속되어야 한다는 입장을 밝혔다.	• 중국의 탕자쉬엔 외교부장 министр иностранных дел Китая Тянь Цзяхуан • 국제 무기사찰단 활동 работа международных инспекторов
48	미국은 러시아가 이란과의 핵기술 협력을 포기하지 않는 이상 러시아의 우주 개발 프로그램에 대한 재정 지원을 하지 않을 것이다.	• 우주 개발 프로그램에 재정 지원을 하다 (КТО) финансировать космическую программу • 이란과의 협력을 포기하다 (КТО) отказаться от сотрудничества с КЕМ
49	그러나 이번 방문을 준비하는데 다소 시간이 걸리기 때문에 날짜가 연기될 가능성도 배제할 수 없다.	• 연기될 가능성도 배제할 수 없다 не исключена вероятность отсрочки ЧЕГО
50	그는 어제 평양 방문을 마치고 돌아온 뒤 워싱턴과의 접촉을 재개할 것을 지시했다.	• 명령하다 (КТО) дать распоряжение КОМУ о ЧЁМ/+ ИНФИНИТИВ
51	한국 정부는 어제 있었던 일본 수상의 야스쿠니 신사 참배에 대하여 깊은 유감을 표명하였다.	• 야스쿠니 신사 참배 посещение (КЕМ) храма Ясукуни

연습문제

52 2일 치러진 제5대 러시아 대선에서 블라디미르 푸틴(55) 대통령이 후계자로 지명한 여당 후보 메드베데프 제1부총리가 70%가 넘는 득표율을 올리며 예상대로 압승을 거뒀다.

53 어제 한국 김대중 대통령은 자크 시라크 대통령에게 7년 임기의 프랑스 대통령 재선을 축하하는 축전을 보냈다. "귀하의 승리는 7년간의 눈부신 프랑스 통치기간에 축적된 업적의 당연한 결과 입니다."

54 박근혜씨는 인천국제공항을 출발하여 북경으로 갔으며 내일 아침 그곳에서 출발하여 7일간의 일정으로 평양을 방문할 것이다.

55 프랑스 대통령은 이러한 무력사용 시도에 대해 부시 미대통령에게 항의를 표하며, 그러한 사건이 재발되지 않도록 해줄 것을 촉구했다.

56 "중국 경찰이 일본 영사관에서 저를 체포했을 때는 물론 불안했어요. 하지만 지금은 그 모든 나쁜 기억들은 머리에서 지우기 위해 노력했습니다."

57 이 황당무계한 목록은 국제테러의 주모자로 불려야 마땅할 미국인 자신들에 의해 작성되었다.

Key point

- 제5대 러시아 대선에서 на 5-х президентских выборах в РФ
- ~를 후계자로 지명하다 (КТО) назначить КОГО правопреемником
- 70%가 넘는 득표율을 올리다 (КТО) получить поддержку более 70 процентов избирателей
- 예상대로 как и предполагалось,
- 압승을 거두다 одержать абсолютную победу
- ~에게 축하하는 축전을 보내다 (КТО) направить поздравительную телеграмму в адрес КОГО
- 축적된 업적의 당연한 결과 естественный результат заслуг, накопленных КЕМ + 기간
- 7년 임기의 대통령 재선 переизбрание на пост президента сроком на 7 лет
- 7일간의 일정으로 평양을 방문하다 (КТО) отправиться в Пхеньян с 7-дневным визитом
- 그러한 사건이 재발되지 않도록 하다 (КТО) не допускать повторения таких инцидентов
- 일본 영사관에서 체포하다 (КТО) арестовать КОГО в японском консульстве
- 머리에서 지워버리다 (КТО) выбросить из головы ЧТО
- 황당무계한 목록 абсурдный список
- 국제테러의 주모자 главари международного терроризма

58 서명 후 30일 뒤부터 발효되는 새로운 의정서에 따르면, 3개월 이내의 단기여행 비자발급 기간이 현행 2주에서 5일로 단축된다. 그리고 장기 및 복수 비자 발급 기간은 한 달에서 2주로 단축된다.

59 이번 성명은 현재 핵강국들간에 군축과 관련된 문제의 논의가 활발히 진행되고 있는 것과는 배치되는 것이다.

60 김대중 대통령은 상황이 조속히 정상화될 수 있도록 정부가 최선을 다할 것이라고 밝혔다.

61 한국 정부는 유사한 분쟁의 재발을 방지하고 1953년 북한과 유엔군 간에 조인된 정전협정 조항을 준수하기 위한 모든 노력을 다하고 있다.

62 도날드 럼스펠드 미 국방장관은 북한을 테러국가로 지목했다. 럼스펠드 국방장관은 미 국회 청문회 직후에 북한의 핵 시설 재가동에 관한 보도에 대해 논평하면서 기자들에게 이와 같이 밝혔다.

Key point

- 3개월 이내 단기[장기, 복수]여행 비자발급 기간 срок выдачи виз на краткосрочные [долгосрочные, многократные] поездки до трёх месяцев
- 현행 2주에서 5일로 단축된다 (ЧТО) сократиться до пяти дней с нынешних двух недель

- 군축과 관련된 문제를 논의하다 (КТО) обсудить вопросы, связанные с разоружением
- ~것과는 배치되는 것이다 (ЧТО) идёт вразрез с тем, что ~

- 상황이 조속히 정상화되다. жизнь быстрее вернётся в нормальное русло

- 유사한 분쟁의 재발을 방지하다 (КТО) предотвратить повторение подобных конфликтов
- 북한과 유엔군간에 조인된 정전협정 조항 условия Соглашения о перемирии, подписанного между КНДР и войсками ООН

- 북한을 테러국가로 지목하다 (КТО) назвать Северную Корею «террористическим режимом»
  [참고] КТО назвал КОГО/ЧТО КЕМ/КАКИМ
- 미 국회 청문회 직후에 после слушаний в конгрессе США
- 북학의 핵 시설 재가동에 관한 보도 сообщение о запуске КНДР своих ядерных реакторов

연습문제

63 럼스펠드 국방장관은 북한이 현재 1-2개의 핵 탄두를 보유하고 있으며 단기간에 6-8개의 핵탄두를 추가로 제조할 수 있다고 보고 있다.

64 이날 총회에는 12명의 유엔 상임이사국과 비상임이사국의 외무부 장관들이 참석했고 시리아, 앙골라, 기니아의 장관들만이 그 자리에 참석하지 않고 차관들을 보냈다.

65 콜린 파월 미 국무장관은 이라크의 상황에 관한 유엔 안보리 회의에서 연설을 마쳤다.

66 콜린 파월 국무장관은 연설 도중 미국의 첩보 위성이 찍은 사진을 여러 장 제시하였고 범죄집단의 우두머리와 이라크 정규군 대령들이 어떻게 하면 사찰단을 속일 수 있을지 논의하는 내용의 전화 통화 감청 테잎을 들려 주었다.

67 파월 장관은 또한 이라크에서 인권 침해가 일어나고 있으며 수 만 명의 사람들이 흔적도 없이 사라지고 있다는 것에 대해 자료를 제시했다.

Key point

- 단기간에 в течение небольшого периода времени
- 6-8개의 핵탄두를 추가로 제조하다 создать ещё шесть-восемь боеголовок в дополнение к ЧЕМУ

- 유엔 상임이사국과 비상임이사국 постоянные и непостоянные члены ООН
- 차관들을 보내다 (КТО) прислать (своих) заместителей

- 이라크의 상황에 관한 유엔 안보리 회의에서 на заседании Совета безопасности ООН, посвящённом ситуации вокруг Ирака

- 첩보 위성 사진 фотоснимки, которые были сделаны с разведывательных американских спутников
- 감청 테잎을 듣다 прослушать перехваты телефонных разговоров
- 이라크 정예 부대의 준장과 대령들이 бригадные генералы и полковники элитных иракских войск

- ~에 대해 정보를 제시하다 (КТО) привести сведения о том, что~
- 아무도 모르게 사라지다 (КТО) бесследно исчезнуть

68 이고리 이바노프 러시아 외무장관은 파월 장관이 제시한 모든 자료는 반드시 전문가들의 검증을 받아야 한다고 주장했다. 이바노프 장관은 또한 러시아는 이라크에 대한 유엔의 새로운 결의안 채택이 아직은 필요하지 않다고 본다고 덧붙였다.

Key point
- 자료는 전문가들의 검증을 받아야 한다 данные должны быть и будут проверены экспертами
- ~에 대한 유엔의 새로운 결의안을 채택하다 (КТО) принять новую резолюцию ООН по ЧЕМУ

69 한국은 한·일간 수역 명칭 문제에 관한 표결 취소와 관련, 월요일 국제수로기구 본부에 항의서한을 전달했다.

- 국제수로기구 본부 штаб Международной гидрографической организации
- 수역 명칭 문제 вопрос о наименовании водного пространства
- 항의서한을 전달하다 (КТО) передать свой протест КОМУ/КУДА

70 유럽 아시아 정상회담 참가자들은 남·북이 상호 화해를 이루기 위해 기울이고 있는 노력을 높이 평가했다.

- 상호 화해를 이루기 위해 для достижения взаимного примирения
- ~을 높이 평가하다 (КТО) дать высокую оценку ЧЕМУ

71 남한은 위기극복을 위해 노력하는 과정에서 오랜 기간 지켜왔던 낡은 경영 방식에서 탈피하는데 성공했지만 일본은 온갖 노력에도 불구하고 경제적 침체를 극복하는데 실패했다.

- 오랜 기간 지켜왔던 낡은 경영 방식에서 탈피하다 (КТО) избавиться от устаревших методов руководства
- 경제적 침체를 극복하다 (КТО) преодолеть экономический кризис

72 한국과 미국 대통령은 북한 상황의 전개가 북한 핵 미사일 개발 프로그램 문제를 어떻게 해결하느냐에 상당부분 좌우된다는 점에 의견을 같이했다.

- 문제 해결에 따라 많은 것이 달라진다 (ЧТО) во многом зависит от решения вопросов
- ~라는 점(사실)에 의견을 같이 하였다 (КТО) быть единодушным во мнении о том, что ~

연습문제

73 오늘자 뉴욕타임즈지는 신의주시 행정특구 조성 결정을 북한 지도자 김정일의 "불장난"으로 규정했다.

74 부시 행정부 내에는 평양에 특사를 파견하는 것에 대해 상반된 견해가 존재한다. 이번 조치를 긍정적으로 보는 측과 북한 정권에 대한 양보로 보는 측 사이의 이러한 이견은 확대되고 있다.

75 우리는 핵무기 금지와 전면군축을 지지합니다.

76 59세의 고이즈미는 자민당내 젊은이들의 지지를 받고 있다.

77 필리핀에서 발생한 대지진으로 5백여 명 이상이 사망했다

78 정부는 생물학무기 사용을 전면 포기하기로 했다.

Key point

- 행정 특구 조성 결정 решение о создании специального административного района
- "불장난" «игра с огнём»

- 특사의 평양 파견 направление специального посланника в Пхеньян
- ~에 대한 이견이 존재한다 существуют разногласия по поводу ЧЕГО
- ~에 대한 양보로 여기다 (КТО) считать ЧТО уступкой КОМУ

- 핵무기 ядерные вооружения
- 군축 разоружение
- 지지하다 (КТО) выступить за ЧТО

- 지지를 받다 (КТО) пользоваться поддержкой КОГО/ЧЕГО

- 대지진으로 인해 в результате сильного землетрясения

- 생물학무기 사용하다 (КТО) применить биологическое оружие

79 한·러 기술교류는 서둘러 시행하면 큰 손해를 보게 될 것이다.

80 군산시와 마산시는 자유무역지대가 될 수 있다.

81 대한민국은 다른 여러 나라와 범죄인 인도조약을 체결하려고 노력 중이다.

82 상호적인 외교 조치가 장기적인 안목으로 볼 때 양국간의 관계에 해를 끼치지는 않을 것이다.

83 정부는 브루나이에서 남·북·미 연쇄 외무장관 회담을 추진할 계획이다.

84 내년에 "세계 언론인 회의"가 평양에서 개최될 가능성이 있다고 러시아 이타르 타스 통신이 전했다.

85 오늘 이란에서 발생한 강력한 지진으로 인해 2만 5천 명이 사망하고 2만 명 이상이 부상당했다.

Key point

- 기술교류 обмен технологиями
- 큰 손해를 보다 быть убыточным

- 자유무역지대 зона свободной торговли

- 범죄인 인도조약 договор об экстрадиции

- 상호적인 외교적 조치 взаимные демарши

- 외무장관 회담 встречи глав внешнеполитических ведомств КАКОЙ страны

- 세계 언론인 회의 Всемирная конференция по средствам массовой информации (СМИ)
- 러시아 이타르 타스 통신 российское агентство ИТАР-ТАСС

- 강진 сильное землетрясение/ землетрясение сокрушительной силы
- ~명이 사망하고 ~명이 부상당하다 погибнуть СКОЛЬКО человек и быть раненым СКОЛЬКО человек [참고] (КТО/СКОЛЬКО) погибнуть; (КТО/СКОЛЬКО) быть раненым

연습문제

86 재경부 발표에 따르면, 우리나라의 철도 요금, 택시 요금 그리고 우편 요금이 미국과 일본보다 저렴하다.

Key point
- 재경부 Министерство финансов и экономики
- 철도 요금 стоимость проезда по железной дороге
- 우편 요금 почтовые тарифы

87 한국 방문을 희망하는 많은 나라의 지도자들이 우리 나라를 '발전 가능성이 큰 나라'로 보고 있다.

- '발전 가능성이 큰 나라' «многообещающая, перспективная страна»

88 유엔의 경제 제재로 많은 어려움을 겪고 있는 이라크는 9월 1일부터 기초 식료품의 배급제를 실시한다고 이라크 관리들이 전했다.

- 많은 어려움을 겪다 испытывать много трудностей
- 식료품 배급제 система нормирования основного продовольствия

89 김대중 대통령은 모리 요시로 일본 총리의 초청으로 오는 22일부터 24일까지 2박3일간 일본을 공식 방문한다.

- 일본 총리의 초청으로 по приглашению премьер-министра Японии
- 공식 방문하다 (KTO) нанести официальный визит

90 한·일 양국 통상장관은 상호 협력 증진과 발전을 위한 회담을 9월 3일부터 이틀간 서울에서 가지기로 합의했다.

- 회담을 갖다 (KTO) провести переговоры с KEM

91 지난 목요일 평양에서 러시아의 인도주의적 구호품 전달식이 거행되었다.

- 인도주의적 구호품 전달식 официальная церемония передачи КОМУ гуманитарной помощи

92 현재 일본 법무성은 그 사람의 신원을 파악 중이며 가까운 시일 내에 중국으로 추방할 계획이다.

93 김대통령은 또 남북정상회담을 지지해 준 데 대해 고맙다는 뜻을 전했고 장쩌민 주석은 내년 유엔 총회에서 의장 후보국으로 한국을 적극 지지하겠다고 답했다.

94 두 나라 외무 장관은 이번 회담에서 수교 일정 문제를 공식 논의하고 이를 공동발표할 것이 확실하다.

95 러시아는 미국의 외교관 추방 조치에 대한 대응으로 '맞대응 원칙'을 적용했다.

96 북한 정부의 경제 부처 대표단 1진이 북·미 수교 및 경제협력 확대를 위한 첫 번째 회담에 참석하기 위해 제네바로 출발했다.

97 박선숙 청와대 대변인은 목요일 한국의 국가신용등급이 상향 조정된 사실을 환영했다.

Key point

- 일본 법무성 Министерство юстиции Японии
- 신원을 파악중에 있다 (КТО) заниматься установлением личности КОГО

- 남북정상회담 встреча на высшем уровне между Севером и Югом Кореи 또는 межкорейский саммит
- 장쩌민 주석 председатель КНР Цзян Цзэминь
- 의장후보국 кандидатура на пост председателя
- 유엔총회 сессия Генеральной Ассамблеи ООН

- 공동발표하다 (КТО) сделать совместное заявление
- 수교 일정 문제를 논의하다 (КТО) обсудить вопрос об установлении дипломатических отношений

- "맞대응 원칙"을 적용하다 (КТО) применить «зеркальный подход»
- 외교관 추방 высылка группы российских дипломатов

- 북미 수교를 위한 첫 번째 회담에 참석하다 (КТО) участвовать в первых переговорах по установлению дипотношений между Северной Кореей и США
- 북한 정부 경제 부처 대표단 1진 первая группа правительственной экономической делегации КНДР

- 국가신용등급 상향 повышение суверенного кредитного рейтинга
- ~을 환영하다 (КТО) приветствовать ЧТО

연습문제

98 '아랍권의 황제'를 꿈꾸고 있는 사담 후세인 이라크 대통령이 내부 반란에 의해 무너질 가능성이 있는가?

---

99 7월 3일 김동신 국방부 장관은 김대중 대통령에게 지난 토요일에 서해상에서 발생한 남북한 해군간의 교전 사태에 대해 보고했다.

---

100 일본의 한 경제 신문은 7월 29일 중국 정부 대변인이 인터뷰를 통해 한국과 중국이 올 가을에 무역대표부를 상호 설치하는데 합의할 것임을 밝혔다고 보도했다.

---

101 실패로 끝난 사담 후세인 이라크 대통령에 대한 일부 군 장교들의 암살 시도 때문에 8월 15일 이라크에서는 '대규모 검거'가 실시되었다.

---

102 이란의 석유부 장관은 이라크의 쿠웨이트 침공으로 석유생산의 부족이 초래될 경우 석유수출기구(OPEC)가 석유생산을 늘릴 것이라고 8일 밝혔다.

---

103 소련의 최대 항구 도시인 블라디보스톡은 소련의 태평양 함대 기지가 있다는 이유 때문에 지난 60여 년간 외부 세계와 철저히 단절되어왔다.

Key point

- '아랍권의 황제'를 꿈꾸다 (KTO) надеяться стать «императором арабских стран»
- 내부 반란에 의해 체제가 전복되다 (KTO) свергнуть режим путём внутреннего восстания

- 국방부 장관 министр обороны
- 김대중 대통령에게 교전사태에 대해 보고하다 (KTO) доложить президенту Ким Дэ Чжуну об обстоятельствах перестрелки

- 인터뷰를 통해 в интервью с КЕМ
- 정부 대변인 представитель [пресс-секретарь] правительства

- '대규모 검거' «повальные аресты»
- ~(실패)로 끝나다 (ЧТО) завершиться ЧЕМ (неудачей)
- ~를 암살하다 (КТО) совершить покушение на КОГО

- 석유수출기구 (OPEC) Организация стран-экспортёров нефти (ОПЕК)
- 쿠웨이트 침공 вторжение в Кувейт

- 태평양함대 기지 база Тихоокеанского флота
- 지난 60여년간 외부 세계와 철저히 단절되다 быть совершенно закрытым от внешнего мира в течение 60 лет

104 오늘날 중국에서 가장 큰 문제는 공산당 지도부에 대한 인민들의 신뢰감이 점점 사라져가고 있다는 사실이다.

Key point
- 공산당 지도부 руководство коммунистической партии
- 신뢰를 잃다 (КТО) потерять доверие к КОМУ/ЧЕМУ

105 페르시아만 사태의 장기화로 현대 건설이 이라크에서 철수할 것을 결정함에 따라 다른 건설업체들도 철수문제를 속속 결정할 것으로 보인다.

- 페르시아만 사태 положение дел в Персидском заливе
- 이라크에서 철수하다 (КТО) вывести из Ирака КОГО/ЧТО
- 건설업체들 строительные предприятия

106 수교와 경제협력 문제를 논의하기 위한 북·미 정부 간 첫 공식 회담은 예상했던 대로 서로의 분명한 입장 차이를 확인한 채 끝났다.

- 정부간 회담 межправительственная встреча
- 서로의 분명한 입장차를 확인한 채 끝나다 (КТО) выявить значительные (существенные) различия в позициях сторон

107 푸틴 대통령과 카샤노프 국무총리는 새로운 개혁안에 완전히 합의하였으며 카샤노프 총리가 이를 직접 제출할 것으로 알려졌다.

- 새로운 개혁안에 합의하다 (КТО) договориться о новом реформаторском проекте
- 제출하다 (КТО) представить ЧТО

108 외무부는 최성홍(崔成泓) 외교장관이 5일 베네이사 모로코 외교장관과 양국 수교 40주년을 축하하는 메시지를 교환했다고 밝혔다.

- 양국 수교 40주년 40-летие со дня установления двусторонних дипломатических отношений
- 축하하는 메시지 поздравительное послание

109 푸틴 러시아 대통령이 김대중 대통령 앞으로 한국 경제 사절단이 러시아를 방문하도록 공식 초청한다는 내용의 친서를 보내왔다고 7월 18일 청와대가 발표했다.

- 청와대 Голубой Дом (резиденция президента РК)
- 친서를 보내다 (КТО) направить КОМУ письмо

연습문제

110 양국 정상은 정보기술분야의 동반자적 관계 강화를 비롯해 양국관계 문제들을 폭넓게 논의하였다.

---

111 니카라과에서는 약 40만 명의 국가 공무원이 참가하는 파업이 4일째 계속되고 있다. 파업 참가자들은 고용 보장과 200%의 임금 인상을 요구하고 있다.

Key point
- 정보기술분야의 동반자적 관계 партнёрские связи в области информационных технологий
- 문제를 폭넓게 논의하다 (кто) обсудить широкий спектр вопросов
- 파업이 4일째 계속되고 있다 уже четвёртый день продолжается забастовка
- 고용 보장과 200%의 임금 인상을 요구하다 требовать гарантии занятости и повышения зарплаты на 200 процентов
- 니카라과에서 в Никарагуа

03 '남북관계' 관련 작문

1 남한영사는 세 명의 탈북자와 만나 그들이 남한으로 가기 희망하는지 의사를 확인한 후 필요한 서류들을 만들어 주었다.

어휘 및 표현
- 남한영사 – южнокорейский консул
- 세 명의 탈북자와 만나다 – (КТО) встретиться с тремя перебежчиками
- ~을 확인하다 – (КТО) удостовериться в ЧЁМ
- ~을 챙겨주다 – (КТО) снабдить КОГО ЧЕМ

러시아어 표현
Южнокорейский консул встретился с тремя <u>перебежчиками</u>[6] и, удостоверившись в их <u>желании</u>[7] направиться в Южную Корею, снабдил их необходимыми документами.

해설
부동사(деепричастие)는 다른 행위(상태, 관계)의 속성에 병행하는 행위(상태, 관계)를 지시하는 동사의 한 정사적(비술어적) 불변화 형태이다.

① '~하면서' 로 번역되는 불완료상 부동사는 불완료체 동사의 현재 어간에 я를 붙인다.

미정형	현재형 변화	불완료 부동사	
читать	читают	читая	읽으면서
подниматься	поднимаются	поднимаясь	올라가면서
вести	ведут	ведя	인도하면서
нести	несут	неся	가지고 가면서

② '~하고 나서' 로 번역되는 완료 부동사는 동사 과거 어간이 모음으로 끝나는 경우는 -в(вши)를 붙이고 어간이 자음으로 끝나는 경우는 -ши를 붙인다.

미정형	현재형 변화	불완료 부동사	
прочитать	прочитал	прочитав	읽고 나서
возвратиться	возвратился	возвратившись	돌아오고 나서

> **예제 1** 남북 양측은 이번 회담에서 많은 부분에 대해 서로의 입장을 확인했고 10월16일부터 열리는 평양회담에서 좋은 결실을 맺을 수 있도록 최선을 다하기로 한 뒤 회의를 마쳤다

---

[6] = беглецами
[7] = намерении

어휘 및 표현

- 입장을 확인하다 – (КТО) уточнить свои позиции
- 최선을 다하다 – (КТО) сделать все возможное для ЧЕГО
- 결실을 맺다 – (ЧТО) принести свои плоды

러시아어 표현

Южная и Северная стороны на этих переговорах уточнили свои позиции по многим вопросам⁸ и закончили обсуждение, высказав своё стремление сделать всё возможное для того, чтобы переговоры в Пхеньяне, открывающиеся 16 октября, принесли свои плоды.

예제 2 이 교수는 세계 모든 사람들에게 북한 아동 구원에 팔을 걷어붙이고 나설 것을 촉구하였다.

어휘 및 표현

- 팔을 걷어붙이다 – засучив рукава + ИНФИНИТИВ

러시아어 표현

Профессор Ли призвала людей всего мира, засучив рукава, приняться за спасение детей в Северной Корее.

예제 3 8월 20일 김대중 대통령은 해방 55주년을 맞아 5일간을 "민족 대교류의 기간"으로 선포하고 판문점을 전면 개방하여 남북한 주민들이 자유롭게 왕래하도록 지시했다.

어휘 및 표현

- 해방 55주년을 맞아 – приветствуя 55-ю годовщину освобождения от Японии
- 자유로운 왕래를 보장하다 – (КТО) обеспечить свободное передвижение

러시아어 표현

Приветствуя 55-ю годовщину освобождения Кореи от Японии, 20 августа президент Ким Дэ Чжун объявил пять дней «периодом большого национального обмена» и дал указание обеспечить свободное передвижение между Севером и Югом, полностью открыв Пханмунджом.

---

❽ = пунктам

연습문제

1 이 요청들은 정중히 거절되었다.

> **Key point**
> • 정중히 거절되다 (ЧТО) вежливо отклоняться

2 현재 북한 주민들은 기근과 식수 부족으로 죽음의 위기에 처해 있다.

> • 위기에 처하다 (КТО) находиться под угрозой ЧЕГО
> • 기근과 식수 부족 голодная смерть и нехватка питьевой воды

3 이 균열은 위성 촬영 사진 판독 덕분에 밝혀졌다.

> • 사진 판독 덕분에 благодаря изучению фотографий

4 북한과 러시아는 여러 분야에서 양국 관계를 공고히 하자는 데 의견을 같이했다.

> • 의견을 같이하다 (КТО и КТО) едины во мнении о ЧЁМ

5 양측은 광범위한 문제들을 심도있게 논의할 것이다.

> • 광범위한 문제들을 논의하다 (КТО) обсудить широкий круг проблем

6 북한은 금강산 관광객 사망 사건에 대하여 한국에 공식 사과를 하지 않았다.

> • 사과를 하다 (КТО) принести извинения КОМУ за ЧТО
> • 금강산 관광객 사망 사건 инцидент в горах Кымгансан, приведший к гибели южнокорейской туристки

7 북한 당국은 남한에 대한 비방 활동을 자제하고 있다.

> • 비방 활동을 자제하다 (КТО) воздерживаться от клеветничества против КОГО

연습문제

8 5명의 탈북자들이 중국 공안부에 의해 체포되었다.

9 평양은 금강산 지역을 관광특구로 선포할 것이다.

10 평양의 거부는 북미관계에 있어 매우 부정적으로 나타날 수 있다.

11 일본영사관 건물로 잠입하려다 실패한 다른 2명의 탈북자들의 운명이 어떻게 될지는 현재로서는 확실치 않다.

12 북한은 미국이 군사적 목적으로 사용될 수 있다고 생각하는 우라늄 농축 프로그램에 대한 정보를 제공해주기로 약속했다.

13 6. 15 남북선언문에 따라 김정일 국방위원장의 서울 답방은 적절한 시기에 성사되어야 한다.

Key point

- 중국 공안부 китайская служба безопасности

- 관광특구 специальная туристическая зона

- 부정적으로 나타나다 (ЧТО) негативно сказаться на ЧЁМ

- 잠입하려는 시도 попытка проникнуть во ЧТО
- 탈북자 перебежчик

- 우라늄 농축 프로그램에 대한 정보 информация о программах обогащения урана
- 군사적 목적으로 사용되다 быть использованным в военных целях

- 6. 15 남북선언문 Межкорейская декларация от 15 июня 2000 года
- 적절한 시기에 в удобное для КОГО время

14 북한은 남북한 철도와 시베리아 횡단철도의 연결작업에 착수했다.

15 북한은 아직까지 남한에 이와 관련한 공식 요청을 하지 않았다.

16 북한은 오늘 금강산 댐과 발전소의 안전에 대한 의심을 단호히 반박했다.

17 당초 계획은 잭 프리처드 대북 특사가 5월말-6월초에 평양을 방문하는 것이었다.

18 북한 핵, 미사일 문제를 포함한 모든 당면 문제들은 대화를 통해 해결되어야 한다.

19 이번 프로젝트의 실현은 아시아 및 유럽 국가들에게 커다란 경제적 이익을 가져다 줄 것이다.

20 워싱턴은 이제 막 긴 침체에서 벗어난 남북관계가 다시 교착상태에 빠지기를 원하지 않는다.

Key point

- 남북한 철도
  Транскорейская железная дорога (ТКЖД)
- 시베리아 횡단철도
  Транссибирская магистраль (Транссиб)

- 공식적인 요청을 하다 (КТО) обратиться к КОМУ с официальной просьбой

- 반박하다
  (КТО) выступить с опровержением ЧЕГО

- 5월말-6월초에 в конце мая - начале июня

- 북한 핵, 미사일 문제
  северокорейские ядерная и ракетная проблемы

- 이익을 가져다 주다
  (ЧТО) принести КОМУ выгоду (ср. пользу)

- 긴 침체에서 벗어나다
  (ЧТО) выйти из длительного застоя
- 교착상태에 빠지다
  зайти в тупик

연습문제

21 북한 동포들을 만성적인 기근과 극심한 가뭄에서 벗어나게 해야 한다.

22 정부는 16일 유엔의 북한 인권결의안 표결과정에서 고심 끝에 '찬성' 입장을 결정했다.

23 정부는 남북 이산가족이 사이버 공간에서나마 서로 만날 수 있도록 인터넷 화상통신시설을 설치했다.

24 이번 일은 민간차원의 남북교류 활성화에 있어 전환점이 될 것이다.

25 주목할 만한 것은 이번에는 비행기가 중국 공항을 경유하지 않고 바로 평양에 도착했다는 것이다.

26 정부는 남한 측 재야 단체들에게 북한 측이 판문점에서 열기로 한 범민족대회 참가와 백두산에서 한라산까지의 '조국통일 대행진' 개최를 허가했다.

Key point

- 벗어나게 하다 избавить КОГО от ЧЕГО
- 만성적인 기근과 극심한 가뭄 хронический голод и последствия сильнейшей засухи

- 유엔의 북한 인권결의안 표결과정에서 в ходе голосования за принятие ООН резолюции по правам человека в КНДР
- 고심 끝에 '찬성' 입장을 결정하다 после долгих раздумий принять решение проголосовать «за»

- 인터넷 화상통신시설을 설치하다 (КТО) установить видеосвязь по Интернету
- 사이버 공간 виртуальное пространство (киберпро-странство)

- 남북교류 활성화(번창) оживление межкорейских обменов

- 중국공항을 경유하지 않고 без остановки в аэропорту Китая

- 백두산에서 한라산까지의 '조국통일 대행진' 개최하다 провести «Большое шествие в поддержку ускорения национального объединения» от горы Пэкдусан до горы Халласан

27 미군의 남한 철수는 동북아시아의 평화 및 안전 보장 문제들과 불가분 관계에 있는 절박한 문제이다.

Key point
- 불가분의 관계에 있는 문제이다 (ЧТО) быть неотделимым от проблем ЧЕГО

28 신문은 이러한 평가가 북한에 대한 미국의 적대적 입장을 반영한 황당한 것이라고 비난하고 있다.

- 이러한 평가에 대해 ~것이라며 비난하다 (КТО) осуждать эту оценку как ~

29 그러한 결정은 남북관계에서 긴요한 역할을 하는 관광프로그램을 활성화시키려는 목적에서 내려졌다.

- 관광프로그램을 활성화시키다 (КТО) оживить туристическую программу

30 북한은 5월 8일 서울로 예정된 회담 참가를 돌연 거부하였다.

- 돌연 거부하다 (КТО) внезапно отказаться от ЧЕГО

31 미국 정부는 대화 자체를 위해 북한과 대화하는 것은 가치가 없다는 견해를 고수하고 있다.

- 견해를(관점을) 고수(고집)하다 (КТО) стоять на той точке зрения, что ~

32 9월 30일부터 남한국민을 포함한 외국인들에게 이 북한행정특구 무비자 입국이 허용될 것이다.

- 무비자 입국을 허용하다 (КТО) разрешить безвизовый въезд во ЧТО (КУДА)

연습문제

33 북한 지도부가 새로운 행정특구 장관으로 임명한 양빈은 기자회견을 갖고 외신기자들에게 북한의 미래 경제특구 운영에 대한 자신의 계획을 밝혔다.

34 남과 북은 경제협력을 통하여 민족경제를 균형적으로 발전시키고 사회, 문화, 체육, 보건, 환경 등 제반 분야의 협력과 교류를 활성화하여 서로 신뢰를 다져나가기로 하였다.

35 북한은 남한과 경계를 이루는 황해 북측 해역에 완충지대를 설치했는데, 그 목적은 필경 남북한 전함 간에 발생할 수 있는 충돌의 방지이다.

36 화물선 '슈퍼 선'호가 비료를 싣고 내일이면 벌써 대한적십자사 기를 달고 북한 남포항에 도착한다.

37 나는 특히 북한의 대량살상무기 개발계획 및 핵사찰 문제와 관련된 당면 문제들을 해결하는데 모든 노력을 기울일 것이다.

Key point

- 기자회견을 갖다 (КТО) провести пресс-конференцию для ЧЕГО
- 미래 경제특구 운영 управление будущей специальной экономической зоной

- 민족경제를 균형적으로 발전시키다 (КТО) добиться сбалансированного развития национальной экономики
- ~분야에서 교류를 활성화하다 (КТО) активизировать сотрудничество и контакты в областях ЧЕГО

- 완충지대를 설치하다 создать буферную зону (ГДЕ)
- 충돌을 방지하다 (КТО) предотвратить столкновение между КЕМ и КЕМ

- 화물선 '슈퍼 선'호 грузовое судно «Супер сон»
- 기를 달고 под флагом ЧЕГО

- 대량살상무기 개발계획 программа разработок оружия массового уничтожения
- 북한 핵사찰 문제 инспекция на ядерных объектах Северной Кореи

38 5월 1일부터 임진각-도라산 구간의 역 및 비무장지대 인근에 북한 요원들이 파놓은 땅굴과 북한영토의 일부가 보이는 전망대를 방문하는 관광을 하고 싶은 사람들을 위한 특별 열차의 정기 운행이 시작된다.

39 북한은 서해교전과 관련하여 유감을 표명했다.

40 북한 대표단이 광복절 행사에 참여할 예정이다.

41 적십자사가 이 달 말경 남북대화를 재개할 것으로 보인다고 동아일보가 보도했다.

42 남북한간의 공식 회담 결과 북한 서적들이 우리 측에서 출판되게 되었다.

43 비전향장기수 63명이 오늘 오전 10시 판문점을 거쳐 북으로 송환됐습니다.

Key point
- 정기운행하다 (ЧТО) регулярно курсировать
- 비무장지대 아래 북한 요원들이 파놓은 땅굴과 전망대 방문 посещение тоннеля, прорытого северокорейскими агентами под ДМЗ, и смотровой башни

- 서해교전 инцидент в Жёлтом море

- 광복절 행사 торжества по случаю очередной годовщины освобождения Кореи от японских захватчиков

- 남북대화를 재개하다 (КТО) возобновить переговоры между КНДР и Республикой Корея
- 적십자사 Общество Красного Креста

- 공식 회담을 통해서 в результате официальных переговоров между КЕМ и КЕМ
- 북한 서적들 книги из Северной Кореи

- 비전향장기수 бывший северокорейский агент, заключённый, который за годы пребывания в тюрьме не изменил своих коммунистических убеждений
- 북으로 송환되다 быть репатриированным на Север

03 '남북관계' 관련 작문

연습문제

44 제2차 남북장관급회담 첫 회의가 오늘 오전 평양 인민문화궁전에서 열렸습니다.

45 통일부 장관은 남북 불가침 협정안을 마련하여 북측에 제의할 것이라고 밝혔다.

46 오는 2005년이면 금강산에 연간 30만 명의 승객을 수용할 수 있는 공항이 세워질 예정이다.

47 지난 달 29일부터 나흘 동안 평양에서 거행된 제2차 남북장관급회담 결과 남북은 어젯밤 7개항의 공동발표문을 발표했다.

48 지난 19일 정부 관계자의 말을 인용하여 '남북한 친선 축구의 평양 개최'가 발표됐고 곧바로 문화관광부는 이같은 사실을 공식 확인해 주었다.

49 주한 러시아 대사는 "북한이 일방적으로 전쟁을 일으키지는 않을 것이며 군 인사들도 전쟁을 바라지 않고 있다"고 밝혔다.

Key point

- 남북장관급회담 переговоры представителей Южной и Северной Корей на уровне министров
- 인민문화궁전 Народный дворец культуры

- 통일부 Министерство по делам национального объединения
- 통일부 장관 министр по делам объединения
- 불가침 협정안 Соглашение о взаимном ненападении

- ~을 수용할 수 있는 (ЧТО) быть способным пропускать СКОЛЬКО человек

- 장관급회담 переговоры на уровне министров
- 공동보도문 совместное заявление для прессы
- 지난 달 29일부터 나흘 동안 в течение четырёх дней с 29-го числа прошлого месяца

- ~의 말을 인용하여 со ссылкой на КОГО
- 문화관광부 Министерство культуры и туризма
- 공식 확인하다 официально подтвердить

- 전쟁을 일으키다 развязывать войну
- 군 인사들 влиятельные военные круги

50 "우선 양 측 대표 3명씩 참가하는 실무급 회담을 개최하고 통일각이나 평화의 집 중 북한 측이 원하는 장소에서 이달 27일 오전 10시에 이 실무 회담을 준비할 것을 제안합니다".

Key point
- 실무급 회담을 개최하다 (КТО) провести рабочую встречу
- 통일각이나 평화의 집에서 в Доме объединения или в Доме мира

51 새천년민주당은 남북 협력사업 추진을 위해 매년 국민 한 사람에 만원씩 거두어 남북 협력 기금을 조성하기로 했다.

- 새천년민주당 Демократическая партия нового тысячелетия
- ~위해 매년 만원씩 내다 ежегодно вносить по 10 тысяч вон для ЧЕГО

52 북한의 이같은 제의에 대해 한국 선수단은 19일 모여 대응 방안을 논의할 예정이나 아마도 이 제의를 받아들일 것으로 보인다.

- 선수단 группа спортсменов
- 우리의 대응 방안을 논의하다 обсудить наши возможные действия

53 우리는 민족 화합의 시대를 열기 위해, 한반도에서 전쟁의 위협을 제거하고 남북대결을 지양하며 군비 통제협의를 재개할 준비도 되어 있다.

- 전쟁의 위협을 제거하다 устранить военную угрозу
- 민족 화합의 시대를 열다 открыть период национального сотрудничества

54 짧은 기간 동안이나마 90명에 달하는 북측 지도급 인사들의 서울 나들이는 남한의 발전상에 대한 인식을 새롭게 할 기회가 될 것임에 틀림없다.

- 북측 지도급 인사 влиятельные лица Северной Кореи
- 인식을 새롭게 할 기회가 되다 стать удобным случаем для знакомства с ЧЕМ

연습문제

55 대한적십자사는 올해 추석을 전후한 5차 남북 이산가족 상봉 추진을 북한 측에 제의하기로 결정했다.

56 이번 남북 고위급 회담에 임하는 양측의 자세가 과거보다는 적극적이며 양쪽 기자들 역시 서로를 신뢰하는 태도를 보였다.

57 남북 국방장관급 회담에서는 군사 직통 전화 설치를 포함해 경의선 복구와 임진강 수해 방지 대책 등 군사분야의 긴장완화와 신뢰구축 방안 등이 포괄적으로 논의될 전망이다.

58 미국은 지난 화요일 당초 6월 10~12일로 예정했던 대표단의 방북을 철회했다.

59 김대중 대통령은 목요일 유엔 본부에서 장쩌민 중국 국가 주석과 정상회담을 갖고 남북문제 및 국제현안 등에 대해 의견을 나눴다.

60 이에 대해 장쩌민 주석도 이번 일이 북미간 대화와 남북관계에 영향을 주지 않기를 바란다고 화답했다.

Key point

- 대한적십자사 Общество Красного Креста РК
- 5차 남북 이산가족 상봉 пятый раунд встреч членов разделённых семей Юга и Севера

- 고위급 회담 встреча на высоком уровне
- 서로를 신뢰하는 태도를 보이다 относиться друг к другу с бо́льшим доверием

- 군사 직통 전화 설치 подключение прямой телефонной линии между представителями вооружённых сил
- 경의선 복구 восстановление автомагистрали и железной дороги
- 임진강 수해 방지 대책 совместный проект по предотвращению наводнений в зоне реки Имджинган

- 6월 10~12일로 예정했던 которая планировалась на 10-12 июля
- ~의 방문을 철회하다 (КТО) отменить поездку КОГО КУДА

- 목요일 유엔 본부에서 в четверг в штаб-квартире ООН
- ~ 에 대해 의견을 나눴다 обменяться мнениями по поводу ЧЕГО

- 북미간 대화와 남북관계에 영향을 주다 (ЧТО) помешать дальнейшему развитию диалога между США и КНДР и отношений между Севером и Югом Кореи

61 통일부 자료에 따르면 탈북자 중에서 여성의 비율이 더 높아진 것으로 나타났다.

62 7월 17일 북측은 19일 판문점에서 개최하기로 한 남북 국회회담 11차 준비접촉을 남한의 국회사정을 이유로 연기한다고 우리 측에 일방적으로 통보했다.

63 북측 대변인은 "판문점은 이제 분단과 대결이 아닌 통일의 상징이 되어야 한다"면서 "조속히 이 땅에 통일이 실현되기를 바라는 일념을 안고 서울로 떠난다"고 말했다.

64 이번 회담에서 남북 양측은 군사직통전화 설치와 경의선 착공, 이산가족 추가상봉과 투자보장 합의서 체결문제 등에 대해 본격적으로 논의한 것으로 전해졌다.

65 외교통상부 장관의 전언에 따르면, 제55차 유엔 총회에서 최근 남북 관계 진전을 지지하는 내용의 의장 성명과 유엔 총회 결의안이 잇달아 채택될 전망이라고 한다.

66 한미 정상회담에서 김대중 대통령과 클린턴 미 대통령은 한국 정부가 추진하고 있는 대북 햇볕 정책이 절대적으로 옳다는데 인식을 같이하고, 동맹관계를 지속적으로 발전시켜 나가기로 했다.

Key point

- 여성의 비율이 높아졌다 выросла доля женщин
- 남북국회 회담 준비접촉 встреча по подготовке межпарламентских переговоров
- 일방적으로 통보하다 (КТО) сообщить ЧТО КОМУ в одностороннем порядке
- 분단과 대결이 아닌 통일의 상징 символ перехода от раскола и конфронтации к воссоединению
- 일념을 안고 서울로 떠나다 поехать в Сеул с желанием + ИНФИНИТИВ
- 군사직통전화 설치 подключение прямой телефонной линии между представителями вооружённых сил
- 경의선 착공 восстановление автомагистрали и железной дороги
- 이산가족 추가상봉 продолжение дополнительных встреч членов разделённых семей
- 투자보장 합의서 체결 заключение соглашений о гарантиях безопасности инвестиций
- 유엔 총회 결의안 резолюция Генаральной Ассамблеи (ГА) ООН в поддержку ЧЕГО
- 의장 성명 декларация от имени Председателя ГА ООН
- 인식을 같이하다 (КТО) найти общий язык
- 대북 햇볕 정책 – «солнечная политика» в отношении Северной Кореи

연습문제

67 김대중 대통령은 어제 밤 뉴욕에서 가진 정상회담에서 남북 정상회담 이후 남북 관계 진전 상황을 설명했으며, 클린턴 미 대통령은 미국은 김 대통령의 대북 정책과 관련한 모든 정책에 앞으로도 전폭적인 지지를 보낼 것이라고 답했다.

68 뉴욕을 방문 중인 김대중 대통령은 어제 저녁 미국 학계의 한반도 문제 전문가들을 초청해 만찬을 베풀었다.

69 김대중 대통령은 이 자리에서 남북 정상회담의 결과와 의의, 그리고 두 차례에 걸친 장관급회담, 이산가족 상봉 등 정상회담 후속조치 진행 상황에 대해 참석자들과 의견을 나눴다.

70 김대중 대통령은 중앙일보와의 회견에서 내년 봄 북한 김정일 국방위원장과의 회담에서 한반도 안보 시스템확립 문제가 논의될 것이라고 밝혔다.

Key point

- 남북의 진전 상황을 설명하다 (КТО) ознакомить КОГО с развитием событий на Корейском полуострове
- 대북 정책과 관련한 모든 정책에 전폭적인 지지를 보내다 полностью поддерживать политику в отношении Северной Кореи

- 미국 학계의 한반도 문제 전문가들 американские учёные-специалисты по корейскому вопросу
- 만찬을 베풀다 (КТО) устроить банкет в честь КОГО

- 남북 정상회담의 결과와 의의 результаты и значимость межкорейской встречи на высшем уровне
- 남북 정상회담 후속조치 (КТО) предпринять дополнительные меры после проведения июньского межкорейского саммита
- ~와 의견을 나누다 (КТО) обменяться с КЕМ мнениями по вопросам ЧЕГО

- 중앙일보와의 회견에서 в интервью газете «Чунан ильбо»
- 한반도 안보체계를 어떻게 만드느냐는 문제 вопросы формирования системы безопасности на Корейском полуострове

04 '사회 · 문화' 관련 작문

1. 하태두 박물관 설립자에 따르면 가장 특별하고 인기있는 전시품은 직경 3.5미터, 무게 4.5톤의 운석이 될 것이라고 한다.

어휘 및 표현
- 직경 3.5미터, 무게 4.5톤의 운석 – метеорит диаметром в 3,5 метра и весом в 4,5 тонны

러시아어 표현
По словам основателя музея Ха Тхэ Ду, самым необычным и популярным экспонатом станет крупный метеорит диаметром в 3,5 метра и весом в 4,5 тонны.

해설
(1) 1.5 + 남성/중성 명사는 полтора́를, 1.5 + 여성 명사는 полторы를 사용합니다.

(2) '1-1.5%'란 숫자를 읽을 때는 가운데 아무 것도 넣지 않고 그냥 'один-полтора́ процента'라고 읽습니다.

(3) 1500을 표현할 경우 тысяча пятьсот보다는 полторы тысячи라고 표현하는 것이 좋습니다.

(4) 다른 소수와 마찬가지로 바로 다음에 오는 단위는 〈단수 소유격〉을, 그 다음에 오는 단위는 〈복수 소유격〉을 씁니다.

 예) 1,5 млн. чел.: полтора миллиона человек;
    1,5 тыс. долл.: полторы тысячи долларов

(5) 소유격을 취해야 하는 경우엔 полтора́/полторы́ 모두 소유격 형태인 полу́тора를 쓰고 그 뒤에는 〈복수 소유격〉을 씁니다.

 예) около 1,5 млрд. человек: около полу́тора миллиардов человек;
    около 1,5 тыс. граждан: около полу́тора тысяч граждан

2. 한국 영화계는 올해 상반기 157억 달러의 영화상품을 해외로 수출했다.

어휘 및 표현
- 올해 상반기에 – в первой половине текущего года/ в первом полугодии

러시아어 표현
В первой половине текущего года южнокорейские кинематографисты продали за рубеж кинопродукции на сумму 15,7 млрд. долларов.

해설

(1) '상반기/하반기', '1/2/3/4사분기' 의 표현을 외워두세요.

상반기에: в первом полугодии 　　하반기에: во втором полугодии
1사분기에: в первом квартале 　　2사분기에: во втором квартале
3사분기에: в третьем квартале 　　4사분기에: в четвёртом квартале

(2) тысяча(천), миллион(백만), миллиард(십억), триллион(조) 등은 тыс., млн., млрд., трлн. 으로 줄여서 씁니다.

예제 1 약 5백만 관객을 동원한 '동갑내기 과외하기' 가 올해 상반기 관객 동원 2위를 차지했다.

어휘 및 표현
- '동갑내기 과외하기' – «Мой друг репетитор»
- 관객 동원 2위 – Второе место по кассовым сборам

러시아어 표현

Второе место по кассовым сборам <u>в первой половине текущего года</u>❾ занимала картина «Мой друг репетитор», собравшая немногим менее 5 миллионов зрителей.

---

3 작년 우리 나라의 실질 경제 성장률은 9.8%에 달한 것으로 추정됐다.

어휘 및 표현
- 실질 경제 성장률 – фактический прирост экономики
- ~에 달하다 – составить ЧТО

러시아어 표현

В прошлом году в нашей стране фактический прирост экономики составил 9,8% процента.

해설

(1) '~율(률)' 이라는 용어 번역에 어려움을 겪는 경우가 많은데, 실제 번역에서 '~율(률)' 이라는 말이 따로 있지 않습니다 (실업률 – безработица/ 출생률 – рождаемость/ 사망률 – смертность).

(2) 'Б에서 A가 차지하는 비중' 또는 '비율' 이라는 표현은 удельный вес/доля ЧЕГО(A) в ЧЁМ(Б)입니다.

---

❾ 의미를 비교해 보세요 (В первой половине текущего года(신문체), ~этого(중립문체), ~сего года(오로지 관공서 문서에만 쓰임))

4 최근 국내 영화배급시장에서 한국 영화의 점유율은 계속 증가하고 있다.

어휘 및 표현
- 영화 – кинолента
- 지국 영화의 점유율 – доля отечественных кинолент

러시아어 표현
Доля отечественных кинолент в южнокорейском кинопрокате в последние годы постоянно растет.

연습문제

1 그 다음에는 한국과 러시아 국가가 연주될 것이다.

2 그는 10만 달러가 넘는 연봉을 받고 있다.

3 한 사람이 사망하고 14명이 부상을 입었다.

4 이번 방문에서 많은 것을 기대해서는 안된다.

5 국방부 장관은 최종 결정에 대한 대통령의 승인을 얻어냈다.

6 이 내용은 서울 페스티발 인터넷 사이트에서 볼 수 있다.

7 2000년을 기점으로 관광객 납치가 빈번해졌다.

Key point

- 국가 연주 исполнение государственного гимна + 국가명(소유격)

- 10만 달러가 넘는 연봉 зарплата более 100 тысяч долларов в год

- 부상을 입다 (КТО) получить ранение

- 이번 방문에서 기대하다 (КТО) ждать ЧЕГО от этого визита

- 승인을 얻다 (КТО) добиться утверждения ЧЕГО

- 인터넷 사이트에서 보다 (КТО) посмотреть на интернет-сайте

- 납치가 빈번해졌다 участились случаи похищения КОГО

8 그는 분쟁을 해결할 수 있는 모든 것을 다 할 것이다.

Key point
- 분쟁을 해결하다
  (КТО) урегулировать конфликт

9 그들의 아버지들 사이는 불편한 관계였다.

- 불편한 관계 конфликтные отношения
  [참고] КТО находится в КАКИХ отношениях

10 사건 목격자들에 대한 심문이 이루어졌다.

- 심문하다
  (КТО) провести допрос

11 그는 미국에 정치적 망명을 요청하였다.

- 정치적 망명을 요청하다
  (КТО) попросить политического убежища

12 왕자는 현 국왕 아키히토와 사촌 형제지간이다.

- 사촌 형제지간이다
  (КТО) приходиться двоюродным братом КОМУ

13 적자생존의 법칙이 지배하는 글로벌 시대에 살아남기 위해서는 온 힘을 기울여야 한다.

- 적자생존의 법칙 волчьи принципы жесточайшей конкуренции
- 글로벌 시대에 살아남다
  (КТО) выжить в эру глобализации

연습문제

14 도심 유적지내 주차 금지를 위반한 사람은 15일 구류 처분 혹은 10만원의 벌금형에 처해진다.

Key point
- ~금지를 위반한 사람 нарушивший запрет на ЧТО
- 15일 구류 처분 혹은 10만원의 벌금형에 처해진다 (КОМУ) грозит 15 суток тюрьмы или штраф в размере 100(ста) тысяч вон

15 인류가 외계인의 복제에 의해 창조되었다는 견해도 있다.

- 복제에 의해 с помощью клонирования

16 41개 대학의 로스쿨 신청서를 검토하여 그 중 25개 대학을 선발하였다.

- ~에서 ...를 선발하다 отобрать ЧТО из ЧЕГО

17 이 초현대식 시스템은 양국간 멀티다중통신의 실현을 가능하게 한다.

- 멀티다중통신 мультимедийная многоканальная связь

18 한국과 러시아는 한국이 구매한 러시아 군사장비의 에프터서비스에 대한 회담을 개최했다.

- 에프터서비스에 대한 회담 переговоры о послепродажном обслуживании ЧЕГО

19 이 돈은 관광객들이 남기고 가기 좋아하는 쓰레기로부터 해변과 인근 지역을 청소하는데 쓰일 예정이다.

- 쓰레기로부터 해변과 인근 지역을 청소하는데 на очистку пляжей и прибрежной зоны от мусора

20 오늘 모스크바에서는 유명한 록 뮤지션인 에릭 클렙튼의 예정된 두 공연 중 첫번째 콘서트가 열린다.

21 그들은 불법 파업을 일으킨 죄로 장기징역 유죄판결을 받았다.

22 간헐적으로 빗방울이 떨어진다.

23 무대에 한국 민속의상을 입은 사람들이 등장했다.

24 한국은 회담을 개최하기 위한 만반의 준비가 되어 있다.

25 크루즈 관광선을 타고 금강산까지 갈 수 있다.

Key point

- ~의 예정된 2번의 콘서트중의 첫번째 콘서트 первый из двух запланированных концертов КОГО

- 불법 파업을 일으킨 죄 организация несанкционированной властями забастовки
- 장기징역 유죄판결을 받다 быть осуждённым на длительные сроки заключения

- 빗방울이 떨어진다 накрапывает дождь

- 한국 민속의상 корейский национальный костюм

- 회담을 개최하기 위한 준비가 되어 있다 быть готовым к проведению переговоров

- 크루즈 관광선 круизный теплоход
- (겨우)가다 (КТО) добираться до ЧЕГО

연습문제

26 유니버시아드 대회는 전세계 60억 인류에 평화에 대한 희망을 불어넣었다.

_____

_____

Key point
- ~대한 희망을 불어넣다 (КТО/ЧТО) вселить в КОГО надежду на ЧТО

27 일본 문화에 대한 한국시장의 추가 개방 조치에 관한 문제가 논의되었다.

_____

_____

- 추가 개방에 관한 문제 вопрос о дополнительных мерах по открытию ЧЕГО

28 선진국에서도 아동 학대가 심각한 것으로 나타났다.

_____

_____

- 선진국에서 в передовых странах
- 아동 학대 жестокое обращение с детьми

29 양국은 사형, 무기금고, 또는 1년 이상의 징역형을 선고받은 범죄인을 인도하기로 합의했다.

_____

_____

- 무기금고 пожизненное заключение
- 1년 이상의 징역형을 선고받은 범죄인 преступники, приговорёные к тюремному заключению сроком больше, чем на год

30 노동운동 지도자들의 석방은 여기서 정부 측이 보내는 일종의 화해제스처로 간주된다.

_____

_____

- 노동운동 지도자들 лидеры рабочего движения
- 화해제스처 жест примирения

31 일본은 한국이 일본 대중문화에 대한 문호를 개방할 수 있도록 노력을 기울이고 있다.

_____

_____

- 일본대중문화 японская поп-культура
- ~를 위한 문호를 개방할 수 있도록 노력을 기울이다 (КТО) приложить усилия к тому, чтобы открыть свои двери для ЧЕГО

		Key point

32 김대중 대통령은 서울에서 동쪽으로 215km 지점에 위치한 강원도 양양 국제공항을 둘러보았다.

- 강원도 양양 국제공항을 둘러보다 (КТО) осмотреть международный аэропорт «Янъян»

33 수여식 후에 이 교수는 대학 학생들에게 '하나의 세계, 하나의 꿈'이라는 제목의 강연을 하였다.

- 수여식이 있은 후에 после церемонии вручения
- '하나의 세계, 하나의 꿈'이라는 제목의 강연을 하다 выступить с лекцией на тему «Один мир, одна мечта»

34 근로자의 육아휴직급여가 월 통상 임금의 40%수준까지 오를 전망이다.

- 육아휴직 отпуск по уходу за детьми
- 월 통상 임금의 в размере 40 (сорока́) процентов (%) от своей месячной зарплаты

35 영국 BBC방송은 월요일 일본에서 세 번째 복제아기가 탄생할 것이라고 보도했다.

- 복제아기 клонированный ребёнок

36 대한민국 문화관광부 장관은 4월 24일 시민들에게 아프가니스탄으로의 여행을 자제해 줄 것을 촉구했다.

- ~로의 여행을 자제하다 (КТО) воздерживаться от поездок в/на ~

37 지구로 진입하던 중 우주 쓰레기나 유성과 충돌한 것이 우주 왕복선 콜럼비아호의 사고 원인이었던 것으로 추정되고 있다.

- 우주 왕복선 콜럼비아호 шаттл «Колумбия»
- 우주 쓰레기나 유성과의 충돌 столкновение с куском космического мусора или удар метеорита

연습문제

38 AP통신 보도에 따르면 법의학자들의 판단 중 많은 수가 DNA분석에 기초하고 있다고 한다.

Key point
- DNA분석 анализ ДНК(дезоксирибонуклеиновой кислоты)

39 러시아 노동 사회 복지부는 러시아내 노동 생산성과 노동력의 질적 수준이 급격히 저하되고 있다고 경고하고 있다.

- 노동 사회 복지부 Министерство труда и социального развития
- 인재 양성 수준 уровень квалификации рабочей силы

40 노동조합 연맹은 비자 유효기간 만료 후 국외 추방에 단호히 반대하였고 그들이 한국에서 합법적으로 취업할 수 있도록 해 줄 것을 한국 정부에 촉구하였다.

- 국외 추방에 반대 против высылки из страны
- 비자 유효기간 만료 후 после окончания сроков действия виз
- 합법적인 취업수속 легально оформиться на работу

41 서구에서 유입된 연인들의 날인 발렌타인데이는 러시아인들 사이에서 그다지 인기가 없다.

- 연인들의 날 발렌타인데이 праздник всех влюбленных, или День святого Валентина
- 그다지 인기가 없다 (что) не приобрести широкой популярности среди россиян

42 애니메가 서양의 만화와 근본적으로 다른 점은 일본 애니메이터들은 아동용 만화가 아닌 진지한 성인영화를 창조해낸다는 것이다.

- 아동용 만화 детские мультфильмы
- 성인영화 взрослое кино

43 부산 인근의 김해 국제공항은 양양 지역의 날씨가 좋지 않을 경우 예비 공항으로 이용될 것이다.

- 날씨가 좋지 않을 경우의 예비 공항 резервный аэропорт в случае плохой погоды

Key point

44 임권택 한국 영화감독이 감독상을 수상하였다. 그는 마치 큰 짐을 덜고 하늘로 날아오르는 것 같은 느낌이었다.

- 하늘로 날아오르다 душой взлететь в небеса/ оказаться на 7-м небе

45 러시아 영화는 연간 120~140편이 상영되고 있다.

- 상영되다 выйти на уровень

46 이번 일에서 가장 중요한 것은 가장 무도회와 기념 콘서트의 진행 시나리오를 만드는 것이었다.

- 패션쇼와 기념 콘서트 무대 сценарий костюмированного шествия и праздничного концерта

47 개막식은 수 백 명의 국내외 영화 관계자들의 참석 하에 열렸다.

- 개막식 Церемония открытия
- ~의 참석 하에 при участии КОГО

48 '칸 국제 광고제'는 국제 광고계에서 가장 유명하고 비중있는 행사이다.

- '칸 국제 광고제' «Каннские львы»
- 국제 광고계에서 비중 있는 행사 значимое событие в мировой жизни рекламы

49 상트페테르부르크 300주년 기념식 준비는 연방 정부, 시(市) 그리고 구(區)청 차원에서 수년간에 걸쳐 이루어졌다.

- 연방 정부, 시, 구청의 федеральный, городской и районный

04 '사회·문화' 관련 작문

연습문제

50 상트페테르부르크 300주년 기념 행사에 포함된 일본 문화 축제 프로그램의 일환으로 10월 16-18일 일본 음악인들의 공연이 있을 예정이다.

Key point
- 상트페테르부르크 300주년 기념 행사 программа празднования 300-летия Санкт-Петербурга
- 일본 문화 축제 프로그램의 일환으로 в рамках Фестиваля японской культуры

51 2003년 고용보험 백서에 따르면, 임금 노동자 1천명 중 4명만이 직장에서 정년퇴직하는 것으로 나타났다.

- 고용보험 백서 белая книга страхования найма
- 노동자 1천명 중 4명만 лишь 4 человека на тысячу работающих
- 정년퇴직하다 оставлять работу в предельном возрасте

52 80년대에 베니스 영화제에서 상을 받기 전 이 영화는 11년 동안 선반에 묵혀 있었다.

- 베니스 영화제 кинофестиваль в Венеции
- 선반에 묵혀 있다 (КТО/ЧТО) пролежать на полке

53 러시아 정부는 외국 영화 상영 스크린 쿼터제 도입을 반대하였다.

- 외국 영화 상영 스크린 쿼터제 квота на показ иностранного кино

54 미국 영화의 국내 상영 제한이 결정될 경우 국내 영화관에 상당한 피해를 가져다줄 것이다.

- 미국 영화의 국내 상영 제한이 결정될 경우 в случае принятия ограничений проката американских фильмов
- 피해를 가져다주다 (КТО/ЧТО) нанести ущерб КОМУ ЧЕМ

55 정기적으로 개최되는 경주 페스티발은 한국을 문화선진국으로 만들기 위해 정부가 기울이는 노력에서 중요한 역할을 한다.

- 한국의 문화선진국화 превращение Южной Кореи в страну высокой культуры

56 이 박물관에서는 고,중,신생대의 화석 1300여 점을 포함한 총 2800여 전시품이 전시될 예정이다.

- 고[중,신]생대의 화석 окаменелость палеозойской [мезозойской и кайнозойской] эры

57 포럼에는 백여 명의 국내외 문학계 인사들이 참여한다.

- 백여 명의 국내외 문학계 인사들 около ста представителей литературных кругов страны и из-за рубежа

58 오역과 왜곡이 없는 '전쟁과 평화' 스페인어 판이 새로 출간되었다.

- 오역과 왜곡 ошибки и искажения

59 유명한 브로드웨이 뮤지컬 '시카고'의 극장판이 러시아에서 상영 중이다.

- 브로드웨이 뮤지컬 '시카고'의 극장판 киноверсия знаменитого бродвейского мюзикла «Чикаго»

60 푸틴 대통령은 영화와 비디오상품의 지적재산권 보호 필요성을 피력했다.

- 지적재산권 보호 защита интеллектуальной собственности

61 미켈란젤로의 유명한 '뿔이 난 모세' 상이 오랜 기간의 복원을 마치고 화요일에 관람객에게 공개된다.

- 미켈란젤로의 유명한 '뿔이 난 모세' 상 знаменитая статуя Микеланджело «Рогатый Моисей»

연습문제

62 많은 예술사가들은 모세상에 뿔이 난 것이 옳지 않은 성경 해석 때문이라고 말하고 있다.

63 출애굽기에는 모세가 시내산에서 십계명이 새겨진 석판을 들고 내려올 때 그의 얼굴이 빛났다고 적혀 있다.

64 목요일 모스크바에서는 러시아 사상 최초의 제패니메이션 페스티발이 열렸다.

65 80년 동안 독일에서 개인 소장되었던 반 고흐의 수채화 '아를의 랑글루아 다리'가 경매에 붙이기 전 단 하루 동안 대중에게 공개된다.

Key point

- 모세상에 뿔이 난 것 появление рогов у Моисея
- 옳지 않은 해석 неправильное толкование

- 출애굽기 Книга Исхода
- 시내산 гора Синай
- 십계명이 새겨진 석판 скрижаль(10 заповедей)

- 제패니메이션 페스티발 фестиваль японской анимации

- 반 고흐의 수채화 '아를의 랑글루아 다리' акварель Винсента Ван Гога «Мост Ланглуа в Арле»
- 경매 аукцион

05 '스포츠' 관련 작문

1 월드컵 "D"조 첫 경기가 곧 열린다.

어휘 및 표현

• 월드컵 'D' 조에서 – в группе «Д» розыгрыша Кубка мира по футболу

러시아어 표현

Скоро состоится первый матч в группе «Д» розыгрыша Кубка мира по футболу.

해설

러시아어에서 쓰이는 모든 전치사를 용례와 함께 익혀보세요.

• без(о) : без работы, без денег, без друзей, безо льда
• близ : близ огорода, близ деревни
• вдоль : вдоль берега, вдоль длинной улицы
• вместо : вместо отца, вместо открытки
• внутри : внутри вокзала, внутри избы
• вне : вне страны, вне дома
• возле : возле реки, возле меня
• вокруг : вокруг города, вокруг них
• для : обед для гостей, трава для скота
• до : до станции, до вечера, до войны
• из/изо : письмо из Москвы, изо всех сил, из комнаты, стол из дерева, скульптура
  изо льда
• из-за : из-за угла, из-за плохой погоды
• из-под : из-под венца.
• кроме : Кроме брата, никто об этом ничего не знает.
• мимо : Мы проехали мимо музея.
• около : Шкаф стоит около двери, Конфеты стоят около пяти рублей.
• от : недалеко от школы, письмо от матери
• позади : позади дома, позади нас
• посреди : посреди площади
• после : после экзамена, после вас
• против : Они поступали против правил, Я против этого решения.
• ради : ради родины, ради сына
• среди : среди товарищей
• с/со : вы идёте с концерта, с утра до ночи, со слезами
• у : У меня новые часы, Шкаф стоял у окна.

- к : любовь к музыке, Внук бежит к бабушке, Он вернётся к трём часам.
- по : Мы шли по улице, Он ударил меня по ноге, Мы говорили по телефону, по воскресеньям, по вашему совету.
- в/во : Она летит во Францию, Он идёт в школу, в субботу в два часа.
- за : за два часа до отъезда, Кошка побежала за шкаф, Спасибо за ваш подарок.
- на : Кошка прыгнула на пол, Мы пошли на станцию, Он уедет на год.
- под : Перо упало под стол, Положите письмо под книги.
- про : сказка про корову, Он говорит про мою жену.
- через : Через мост идёт трамвай, Мы входим в гостиную через столовую, Я узнал об этом через моего друга, через неделю.
- за : Она сидит за столом, Он жил за Волгой, Мы пойдём за вами, так как мы не знаем дороги, Мать пошла за доктором.
- между : Пусть это останется между нами.
- над : Над городом летали самолёты.
- перед : Перед домом большой сад, Они пообедали перед отъездом.
- под : Собака сидит под столом.
- с : с моим другом, кофе с молоком, С кем вы говорили?
- в : Мы были в саду, Мы гуляли в парке, В январе бывает очень холодно.
- на : на уроке, на почте, на станции.
- о : Не думайте о сыне, Думайте об экзаменах.
- по : Мальчик скучал по отцу.
- при : Он сказал это при мне, При институте есть библиотека, При Петре Великом.

예제 **1** 월드컵 기간 동안 테러행위 방지 대책이 논의되었다.

어휘 및 표현
- 테러행위 방지 대책을 실시하다 – принять меры по предотвращению террористических акций

러시아어 표현
Обсуждались меры по предотвращению террористических акций в период проведения Кубка мира по футболу.

예제 **2** 남은 시간동안 축구선수들이 심한 부상을 입지 않는다면 좋은 게임을 펼칠 수 있을 겁니다.

어휘 및 표현
- 남은 시간동안 – за оставшееся время
- 좋은 게임을 펼치다 – показать хорошую игру

러시아어 표현

Если за оставшееся время футболисты <u>не получат серьёзных травм</u>[10], то они покажут хорошую игру.

예제 3 어제 게임의 두 축구영웅의 인터넷 사이트(홈페이지)가 접속폭주로 다운되었다.

어휘 및 표현
- 인터넷 사이트(홈페이지) 연결 – связь с интернетовскими сайтами
- 접속폭주로 다운되다 – (КТО) прервать ЧТО из-за перегрузки ЧЕГО

러시아어 표현

Связь с интернетовскими сайтами двух футболистов-героев вчерашнего матча была прервана из-за его перегрузки.

---

[10] = не будут серьёзно травмированы

연습문제

1 멋진 헤딩슛으로 골을 넣었다.

2 피파컵이 일반대중에게 공개되었다.

3 월드컵은 인류 화합에 기여할 것이다.

4 부산의 거리는 순식간에 사람들로 가득찼다.

5 한국팀은 오늘 경기에서 월드컵 참가 역사상 최초로 승리를 거두었다.

6 우리는 월드컵이 끝날 때까지 그 결정을 유보하였다.

7 비슷한 상황이 일본 경기장에서도 나타나고 있다.

Key point

- 헤딩슛으로 골을 넣다 забить мяч ударом головы

- 공개하다 (КТО) продемонстрировать ЧТО КОМУ

- 월드컵 Чемпионат мира по футболу
- 인류 화합에 기여하다 (КТО/ЧТО) внести (свой) вклад в дело примирения человечества

- 사람들로 가득찼다 (ЧТО) заполниться людьми

- 참가 역사상 최초로 впервые в истории участия КОГО в ЧЁМ

- 끝날 때까지 미루다 (КТО) отложить решение до окончания ЧЕГО

- 비슷한(유사한) 상황 аналогичная ситуация

8   한국팀은 곧 있을 월드컵에서 1승도 거둘 수 없을 것이다.

9   기쁨의 함성이 나라 전체에 울려 퍼졌다.

10   정몽준 대한축구협회장은 제프 블래터 국제 축구 연맹(FIFA)의 평양방문시 동행할 것이다.

11   드미트리 사우틴 선수는 10m 하이다이빙에서 동메달을 차지했다.

12   2004년 아테네 하계올림픽에서 한국과 북한은 단일팀으로 참가할 것이다.

13   오늘 3백만 달러의 상금이 걸린 WTA 투어 챔피언쉽 경기가 LA에서 시작되었다.

14   그보다 앞서 토요일에는 월드컵 개막경기도 녹화 중계되었다.

Key point

- 1승을 거두다 (КТО) одержать одну победу

- 울려 퍼지다 разноситься по ЧЕМУ

- 대한축구협회 южнокорейская футбольная ассоциация

- 10미터 하이다이빙 прыжок в воду с 10(десяти)-метровой вышки

- 단일팀으로 참가하다 выступить единой командой
- 2004년 아테네 하계올림픽에서 на летних Олимпийских играх, которые пройдут в 2004 году в Афинах

- 상금 3만 달러를 걸고 с призовым фондом в 3 миллиона долларов

- 녹화로 중계방송되다 (ЧТО) транслироваться в записи

연습문제

15 며칠 전 발표된 FIFA랭킹에서 40위에 랭크되어 있는 한국 대표팀이 경기를 위해 독일로 떠났다.

_____
_____

16 한국선수들은 2연승을 거둘 수 있는 거의 완벽한 찬스를 놓쳤다.

_____
_____

17 한국대표팀은 역사상 처음으로 간신히 16강에 오를 수 있을 것이다.

_____
_____

18 한국팀은 지금까지 월드컵 경기에서 단 한 번도 승리를 거두지 못했다.

_____
_____

19 한국대표팀은 베이징 올림픽에서 금메달 13개, 은메달 10개, 동메달 8개를 따 종합성적 7위라는 역대 최고 성적을 올렸다.

_____
_____

20 한국팀의 대 폴란드 승리의 효과는 금전으로 환산하면 약 110억 달러가 될 것이다.

_____
_____

Key point

- 40위에 랭크되어 있는 팀 команда, стоящая на 40-м месте
- FIFA랭킹 рейтинг-лист Международной федерации футбольных ассоциаций (ФИФА)
- 경기를 위해 독일로 떠나다 (КТО) вылететь на игру в Германию

- 2연승을 거두다 (КТО) одержать вторую подряд победу

- 16강에 오르다 (КТО) пробиться во второй раунд финального турнира

- 월드컵 경기에서 в розыгрышах Кубка мира

- 베이징 올림픽에서 на Олимпийских играх в Пекине
- 역대 최고 성적을 올리다 (КТО) установить самый большой рекорд

- 한국팀의 대 폴란드 승리 победа корейской сборной над польской командой
- 금전으로 환산하면 в денежном пересчёте

21 국제축구연맹은 이번 월드컵의 모든 경기와 관련 행사들이 순조롭게 진행되고 있음에 만족을 표했다.

Key point
- 이와 관련된 행사들 связанные с этим мероприятия
- 순조롭게 진행되다 (ЧТО) проходить гладко

22 한·일 월드컵 공동개최는 동북아시아 평화와 안정 유지에 촉진제가 될 것이다.

- 촉진제가 되다 (ЧТО) дать толчок к ЧЕМУ

23 올해 월드컵은 틀림없이 역사상 가장 안전하고 성공적인 대회의 하나로 기억될 것이다.

- ~로 기억되다 (ЧТО) запомниться как ~

24 44개국 9900명의 선수들은 38개 종목에서 419개의 금메달을 놓고 겨룰 것이다.

- 겨루다 (КТО) бороться за ЧТО

25 북한 선수 지원단이 "만경봉"호 편으로 다대포항에 도착하였다. 배에는 150명의 예술단원과 126명의 응원단이 타고 있다.

- 북한 선수 지원단 северокорейская группа поддержки спортсменов
- 예술단원 члены художественного коллектива

26 부시장은 환영사를 낭독한 뒤 북한 손님들에게 꽃다발을 증정하였다.

- 환영사를 낭독하다 (КТО) произнести приветственную речь
- 꽃다발을 증정하다 (КТО) вручить букеты цветов КОМУ

05 '스포츠' 관련 작문

연습문제

27 집행위원회 회의에서는 현 아시안게임 및 일본 아오모리 동계 아시안게임 준비 진행상황이 논의될 것이다.

28 회의에서는 2007년도 동계 아시안게임 개최 후보 도시 세 곳이 제출한 신청서가 검토될 것이다. 또한 동티모르의 아시아올림픽위원회 가입문제도 논의될 것이다.

29 네덜란드인 감독 히딩크의 지도 하에 긴장감 속에서 월드컵 참가를 준비하고 있는 한국 축구 대표팀은 토요일 또 하나의 월드컵 참가국인 코스타리카를 맞아 승리를 거두었다.

30 정구 남녀 단체팀, 펜싱 플뢰레 여자 단체팀, 여자부 볼링 개인전에서 승리한 김수경과 66킬로그램급 이하 결승전에서 키르키즈스탄 선수를 물리친 그레코로만형 레슬링 선수 김인섭도 금메달을 수상했다.

31 이번 월드컵 축구 경기에서 독일 팀이 아르헨티나 팀을 1:0으로 이겼다.

32 오늘 대한축구협회는 월드컵에 참가할 국가대표팀 최종 엔트리를 결정했다.

Key point

- 집행 위원회 исполнительный комитет
- 일본 아오모리 동계 아시안게임 Азиатские зимние игры в японском городе Аомори

- 개최 후보 3개 도시가 제출한 신청서 заявки, поданные тремя городами-кандидатами
- 동티모르의 아시아올림픽위원회 가입문제 вопрос о вступлении Восточного Тимора в ряды Азиатского олимпийского комитета(АОК)

- 긴장감 속에 준비하다 (КТО) напряжённо готовиться к участию в ЧЁМ

- 정구 남녀 단체팀 мужская и женская команды по софт-теннису
- 펜싱 플뢰레 여자 단체팀 женская команда по фехтованию на шпагах
- 여자부 볼링 개인전 личные соревнования по боулингу среди женщин
- 그레코로만형 레슬링 선수 борец классического[греко-римского] стиля

- 독일 팀 команда Германии
- 1:0으로 이기다 (КТО) выиграть у КОГО со счётом 1:0

- 대한축구협회 южнокорейская футбольная ассоциация
- 엔트리를 결정하다 определить состав национальной команды
- 월드컵에 참가하다 принять участие в Чемпионате мира по футболу

		Key point
33	지난 월요일 제네바에서는 한국과 일본에서 개최될 월드컵 본선을 앞두고 한 달간의 한국문화제가 개막되었다.	• 월드컵 본선 시기에 맞춰진 한국 문화제 фестиваль корейской культуры, проводимый в преддверии финальных игр Кубка мира по футболу
34	최경주(32)가 대한민국 스포츠 사상 최초로 프로골프투어 컴팩 클래식대회에서 우승한 남자골퍼가 되었다.	• 프로골프투어 컴팩 클래식대회 турнир, проходивший в рамках состязаний международной ассоциации профессионального гольфа
35	한국 여자 사격선수 강초연양이 시드니 올림픽 10미터 여자공기소총 개인전에서 아쉽게 은메달에 머물렀습니다.	• 한국 여자 사격선수 стрелок-кореянка • 10미터 여자공기소총 개인전에서 в стрельбе из пневматической винтовки на дистанции 10 метров
36	오교문, 장용호, 김청태로 구성된 남자 양궁 대표팀은 세계 최강인 이탈리아와의 결승전에서 접전 끝에 255대 247로 승리를 거두고 4번째 금메달을 땄냈다.	• 남자 양궁 대표팀 команда лучников ([참고] 양궁 – стрельба из лука) • 4번째 금메달을 따다 принести своей команде четвёртую золотую медаль
37	60억 인류의 평화와 협력의 스포츠 대축제인 제 27회 시드니 올림픽의 화려한 개막식이 오늘 시드니 올림픽공원 종합경기장에서 거행되었다.	• 60억 인류의 평화와 협력의 스포츠 대축제인 제 27회 시드니 올림픽 27-е летние Олимпийские игры - спортивный праздник мира и сотрудничества 6 миллиардов людей, населяющих нашу планету
38	이번 한일 월드컵 대회의 최대 승자는 브라질 선수인 호나우두라고 인터내셔널 헤럴드 트리뷴지가 보도했습니다.	• 브라질 선수인 호나우두 бразильский футболист Рональдо • 인터내셔널 헤럴드 트리뷴지(紙) газета «Интернэшнл Геральд Трибьюн»

연습문제

39 뉴욕 타임즈는 시드니 올림픽에 남북한 대표 선수들이 동시 입장키로 한 남북한의 결정을 환영했다.

40 오늘 아침 37세의 말레이지아인이 서울 월드컵 경기장과 경기장 옆에 위치한 평화공원의 100만 번째 방문객이 되었다. 그는 월드컵 경기 입장권과 왕복 비행기표, 2002년 월드컵 공인구인 피버노바를 받는 행운의 주인공이 되었다.

41 오늘날 육상 경기는 올림픽에서 가장 인기 있는 종목 중 하나이다.

42 여자 장대 높이뛰기와 해머 던지기는 2000년 시드니 올림픽 때부터 실시되었다.

43 여자 칠종 경기와 남자 십종 경기는 선수들이 이틀 동안 트랙과 필드에서 종목별로 시합을 하는 육상 경기로, 가장 많은 점수를 얻은 선수가 우승하게 된다.

44 러시아는 2012년 올림픽 유치를 놓고 경쟁할 준비가 되어 있다.

Key point

- 남북한 대표 선수들이 동시 입장 одновременное участие в параде сборных Южной и Северной Кореи под одним флагом

- 말레이지아인이 서울 월드컵 경기장의 100만번째 방문객이 되다 малазиец стал миллионным посетителем Сеульского стадиона Кубка мира по футболу
- 월드컵 경기 티켓 билет на матч Кубка мира по футболу
- 월드컵 공인구인 피버노바 мяч «Февернова», являющийся официальным мячом Кубка мира по футболу 2002 года

- 육상 경기 лёгкая атлетика
- 종목 вид спорта

- 장대 높이뛰기 прыжок с шестом
- 해머 던지기 метание молота

- 여자 칠종 경기 семиборье для женщин/ женское семиборье
- 남자 십종 경기 десятиборье для мужчин/ мужское десятиборье
- 육상 트랙과 경기장 беговая дорожка и спортивное поле

- 올림픽 유치권 획득 предоставление права проведения

45 유도에서 첫번째 금메달은 북한팀이 차지했다.

46 러시아 여자 대표팀은 대만팀을 95대70으로 가볍게 누르고 동메달을 차지했다.

47 한국 대표팀은 양궁, 태권도, 유도, 테니스를 주력 종목으로 하여 금 16개, 종합 2위를 목표로 하고 있다.

48 주최국인 한국은 금메달 26개, 은메달 11개, 동메달 15개를 획득하였다.

49 육상선수 나탈리야 시도렌코는 1500미터 결승에서 금메달을 땄다.

50 알렉산더 코르치밀은 장대 높이뛰기에서, 발레리 바실리예프는 멀리뛰기에서 우승하였다.

Key point

- 유도에서 в дзюдо

- 대만 팀을 95대70으로 가볍게 누르다 (кто) легко переиграть команду Тайваня со счётом 95:70

- 양궁 стрельба из лука
- 종합 2위 второе место в командном зачёте

- 주최국인 한국 хозяева-южнокорейцы

- 여자 육상선수 бегунья
- 육상 결승전 финальный забег

- 장대 높이 뛰기에서 по прыжкам с шестом
- 멀리뛰기에서 в прыжках в длину

연습문제

51 종합 순위 1위를 지키고 있는 중국 팀은 오늘 금메달 5개에 만족해야만 했다.

- 만족하다 (КТО) довольствоваться ЧЕМ

52 육상경기장의 세단뛰기 종목에서 악사나 로고바와 빅토리아 구로바는 발군의 실력을 발휘했다.

- 세단뛰기 тройной прыжок

53 우크라이나 출신 체조 선수 이리나 야로츠카는 개인 종합 경기에서 우승을 차지했다.

- 체조 선수 гимнастка
- 개인 종합 경기 индивидуальное многоборье

54 이 경기에서 한국대표팀 공격수인 김도훈 선수가 전반 20분 동안 세 골을 몰아 넣으며 해트트릭을 기록했다.

- 공격수 нападающий
- 전반 20분 동안 в течении 20 минут первого тайма
- 해트트릭 «хет-трик»

55 이번 승리로 아시아 국가 중 피파 랭킹이 가장 높은 한국팀이 아시안컵 결승전에 참여할 수 있게 되었다.

- 피파 랭킹 рейтинг Международной федерации футбольных ассоциаций (ФИФА)

56 이것은 최근 한국 언론과 축구팬들로부터 비난의 표적이 되고 있었다.

- 비난의 표적 мишень жёсткой критики

57 사디가 도핑양성 판정을 받은 것은 허리 치료 시에 금지된 약물을 복용하였기 때문이다.

Key point
• 도핑양성반응
  положительные анализы на допинг

58 예브게니 플류쉔코는 2-3-4회전 점프 컴비네이션을 포함한 자유경기를 환상적으로 보여주어 심사위원으로부터 5.8과 5.9라는 점수를 받았다.

• 2-3-4 회전 점프 컴비네이션을 포함한 자유경기
  произвольная программа, включающая эксклюзивную комбинацию из прыжков в четыре, три и два оборота

59 발티모어 출신인 18세의 수영선수가 100미터 접영 준결승에서 51.47초를 기록하였다.

• 100미터 접영 준결승
  полуфинальный заплыв на 100-метров баттерфляем

60 러시아의 이인조 팀은 기술 부문 9.9와 예술 부문 만점으로 가장 높은 점수를 받았다.

• 기술 부문과 예술 부문에서 높은 점수를 받다 (КТО)
  получить высокие оценки за технику и за артистизм

06 '의학' 관련 작문

1. 인간복제 프로젝트에 참여한 여인은 현재 임신 8주이다.

어휘 및 표현
- 인간복제 프로젝트 – проект по клонированию человека
- 임신 8주이다 – (КТО) находиться на восьмой неделе беременности

러시아어 표현
Участница проекта по клонированию человека находится на восьмой неделе беременности.

해설
'~현재'(на + 대격)라는 표현을 알아두세요('2007년 1월 현재'와 같은 표현은 на январь 2007 года)

2. 유전자조작 식품을 섭취했을 경우 내성이 강한 알레르기가 발생할 수 있으며 유전자조작 식물에 축적된 살충제가 몸 내부에 쌓이게 될 수도 있다.

어휘 및 표현
- 유전자조작식품 – генетически модифицированные продукты питания
- 알레르기 – аллергия
- 살충제 – пестициды

러시아어 표현
В результате потребления генетически модифицированных (ГМ) продуктов питания у человека может развиться аллергия, а также в организм могут попасть накопленные ГМ растением пестициды.

해설
텍스트 분절문 연결 표현 수단인 접속사를 도표로 제시해 놓았으니 잘 익혀서 실제 작문에 유용하게 사용하기 바랍니다.

분절문간의 의미관계	연결 텍스트 조직 표현 수단
인과관계 및 조건 결과 관계	поэтому, отсюда, тем самым, в результате, следовательно, значит, в силу этого, ввиду этого, вследствие этого, благодаря этому, в связи с этим, в таком случае, в этом случае, стало быть
첨가의 관계	а также, при этом, вместе с тем, кроме того, сверх того, более того, кстати, между прочим

설명의 관계	то есть, иными словами, иначе говоря, точнее говоря, причём, при этом
대구 및 대립의 관계	с одной стороны, с другой стороны, наоборот, напротив, но, однако, тогда как, в противоположность этому, в отличие от, зато, иначе, точно так, так же, точно так как, таким образом, аналогично, подобно этому, в то же время
종합, 결론, 결산의 관계	таким образом, итак , короче говоря, вообще, словом, вообще говоря, из этого следует
예시, 명료화의 관계	например, так, а именно, ведь, особенно, в частности
신빙성 정도의 관계	разумеется, само собой разумеется, конечно, безусловно, очевидно, действительно, в самом деле, несомненно, вне всякого сомнения
논거 순서의 관계	во-первых, во-вторых, вначале, сначала, прежде всего, в первую очередь, сейчас, теперь, в то же время, наряду с, только что, уже, ранее, опять, ещё раз, снова, вновь, затем, позже, позднее, впоследствии, в дальнейшем, в последующем, впредь, в заключение, далее
앞 내용과 뒤 내용의 결합 및 출처 표현의 관계	как указывалось, как было показано, как указано выше, как упомянуто, как отмечалось, согласно этому, сообразно этому, подобно этому, соответственно этому, сообразно с этим, в соответствии с этим, последний, предыдущий, предшествующий, данный, искомый, соответствующий, вышеописанный, вышеуказанный, вышеприведённый, вышеупомянутый, введённый, выведенный, доказанный, заданный, законченный, изложенный, найденный, описанный, отмеченный, перечисленный, построенный, приведённый, рассмотренный, сделанный, сформулированный, указанный, упомянутый, установленный, следующий, нижеследующий, последующий, дальнейший
일반화 정보의 관계	рассмотрим следующие случаи, приведём пример, выясним соотношение

| 예제 **1** | 러시아 법에 따르면 유전자조작 성분을 5%이상 함유하고 있는 식품에는 그 내용을 표시해야 한다. |

어휘 및 표현
- 유전자조작 성분 – компоненты генетически модифицированных источников (ГМИ)
- ~를 함유하는 – содержащий
- 표시를 하다 – иметь соответствующую маркировку

러시아어 표현

Согласно российскому законодательству, продукция, содержащая 5% и более компонентов ГМИ, должна иметь соответствующую маркировку.

| 예제 **2** | 그 외에도 학자들은 악성 종양을 발생시키는 다른 원인들도 지적하였다. |

어휘 및 표현
- 악성 종양 – злокачественные опухоли

러시아어 표현

Кроме того, ученые также указали на другие факторы, способствующие развитию злокачественных опухолей.

| 예제 **3** | 난세포에 공여자의 세포핵을 이식한 뒤 특수한 방법으로 분열 과정을 촉진시킨다. |

어휘 및 표현
- 공여자의 세포핵 – ядро донорской клетки
- 분열 과정 – процесс деления

러시아어 표현

В яйцеклетку вводится ядро донорской клетки, а затем особым образом стимулируется процесс деления.

연습문제

1 돌리는 조로증❶으로 죽었다.

Key point
- 조로증 ускоренное старение

2 의료 및 학문적 목적을 위한 배아 복제 허용 문제가 논란이 되고 있다..

- 의료 및 학문적 목적 медицинские❷ и научные цели
- 배아 복제 клонирование эмбрионов

3 복제 전면 금지는 줄기세포연구 분야의 발전을 가로막는다.

- 복제 전면 금지 полный запрет клонирования
- 줄기세포 분야 сфера исследования стволовых клеток

4 복제 실험은 뜻밖에도 민간투자로 이루어지고 있다.

- 민간투자로 이루어지다 (ЧТО) проводится при поддержке частных инвесторов

5 총회에서는 인간복제 금지에 관한 결의안들이 논의될 것이다.

- 인간복제 금지 결의안 резолюция о запрете клонирования человека

---

❶ '질병(болезнь)' 과 관련되어 자주 쓰이는 표현과 단어들은 다음과 같습니다 :
① простуда(감기): ангина(목감기), кашель(기침), грипп(유행성감기), насморк(콧물감기), недомогание(몸살감기), бронхит(기관지염);
② живот(배, 소화): несварение желудка(소화불량), пищевое отравление(식중독), понос(설사), запор(변비), геморрой(치질)
③ головная боль(두통): У меня болит голова.(머리가 아픈데요), У меня мигрень(제가 편두통이 있어서요.), менингит(뇌막염) - Ты что, менингитом переболел?(뇌막염을 앓았니?), У него большой живот(그 사람 배가 나왔네요), У нее ранняя[поздняя] стадия беременности(그 여자분 임신 초기[말기]시네요.);
④ зубная боль(치통): У меня болит зуб.(이가 아픈데요);
⑤ глаза(눈): близорукость(근시), дальнозоркость(원시), куриная слепота(야맹증), дальтонизм(색맹) – У меня болят глаза (боль в глазах), У меня плохое[хорошее] зрение(시력이 나쁩니다[좋습니다].)
⑥ 그 외 기타 질병: беспамятство (амнезия)(건망증), бессонница(불면증), венерические болезни(성병) – сифилис(매독), гонорея [триппер](임질), воспаление мочевого пузыря(방광염), сахарный диабет(당뇨병), лунатизм (хождение во сне)(몽유병), старческий склероз(старческое слабоумие(노망), кожные болезни: чесотка(가려움증), грибок(무좀), прыщик(여드름) – У него лицо в прыщках(여드름 투성이네요.), веснушки(주근깨).

❷ '의료(медицинский)' 와 관련된 표현으로는 медицинская коммиссия [медосмотр/ профосмотр](신체검사); медицинская справка(건강 진단서)등이 있습니다.

연습문제

6 학자들은 복제 시에 성인 세포핵을 난세포에 이식한다.

7 두 개의 결의안은 생명체 복제에 대한 전면 허용을 담고 있다.

8 복제는 한편으로는 윤리 및 도덕적인 규범에 위배되고 인권을 침해하는 행위이지만, 다른 한편으로는 이러한 놀라운 과학적 발전이 암이나 에이즈 같은 난치병 치료에 도움이 될 수 있다.

9 얼마 전 쥐를 복제한 일본 연구가들은 사실상 모든 쥐가 죽었다고 밝혔다.

10 초정밀 바늘을 이용하여 과학자들은 성숙한 난세포에서 완전히 핵을 제거한다.

11 러시아에서는 전염병에 강한 유전자 변형 감자를 개발하고 있다.

Key point

- 성인 세포핵 ядро клетки взрослого человека
- 난세포 яйцеклетка
- 이식하다 (КТО) вживлять ЧТО во ЧТО

- 염두에 두다 (ЧТО) предусматривать ЧТО

- 인권을 침해하다 нарушение прав человека
- 암과 에이즈 рак и синдром приобретённого иммуного дефицита(СПИД)
- 난치병을 치료하다 (КТО/ЧТО) победить неизлечимые болезни

- 초정밀 바늘 сверхтонкая иголка
- 제거하다 удалять

- 유전자 변형 감자 трансгенные сорта картофеля

		Key point
12	우리는 인간의 배아와 세포 연구에 대해서 말하는 것이지 인간 자체의 창조에 대해서 말하는 것이 아니다.	• 배아와 세포 эмбрион и клетка
13	줄기세포를 빼낸 배아는 더 이상 완전한 생명체로 성장할 수 없다.	• 줄기세포 стволовые клетки
14	선별된 식품 중 어느 것에도 유전자조작 단백질이 포함되어 있다는 표시가 없었다.	• 선별된 식품 отобранные продукты • 유전자조작 단백질 белки́ генети́чески модифици́рованных органи́змов
15	현재 러시아 시장은 유전자조작 식품이 범람하고 있다.	• 유전자조작 식품의 홍수 экспансия генети́чески модифици́рованных продуктов
16	그러한 식품의 안전에 대한 장기적인 연구가 실시되지 않기 때문에 그 누구도 유전자조작 식품이 인간에게 어떤 악영향을 끼치는지 정확하게 증명할 수 없다.	• 장기적인 연구 долгосро́чные иссле́дования • 정확하게 증명하다 (КТО) определённо подтвержда́ть ЧТО
17	최근 식료품 생산 분야에서는 유전공학을 이용한 방법들이 활발하게 응용되고 있다.	• 유전공학 ге́нная инжене́рия • 활발하게 응용되다 найти́ акти́вное примене́ние ЧЕГО

연습문제

18 금요일 러시아 하원(국가두마)은 향후 5년 동안 인간복제를 잠정적으로 금지하는 법안을 발표하였다.

_____

_____

19 복제된 배아가 인간복제가 아닌 의학적인 목적으로만 사용되는지 감시하는 것은 거의 불가능하다.

_____

_____

20 복제 양 돌리는 관절염과 같이 원래 양에는 발생하지 않는 각종 질환을 안고 태어난 것으로 밝혀졌다.

_____

_____

21 인공수정에 관한 초기 실험과 같은 의학적으로 새로운 연구에 대해 여론은 언제나 비판적이었다.

_____

_____

22 미 대통령은 정부의 통제를 벗어나지 않도록 연구할 것을 국민들에게 다짐했다.

_____

_____

Key point

- 인간복제를 잠정적으로 금지하다 (КТО) временно запретить клонирование человека

- 감시하다 (КТО) проследить за ЧЕМ

- 관절염 полиартрит

- 인공수정에 관한 초기 실험 первые опыты, касающиеся искусственного оплодотворения

- 다짐하다, 약속하다 (КТО) заверить КОГО в ЧЁМ/ЧТО ~
- 정부의 통제를 벗어나다 выйти из-под контроля властей

07 '전자 상거래' 관련 작문

예제 1 올해 남한의 GNP성장률은 6.5%가 될 것이며 이는 예상했던 수치보다 1.3%가 높은 것이다.

어휘 및 표현
- GNP성장률 – рост валового национального продукта

러시아어 표현

Рост валового национального продукта Южкой Кореи в этом году составит 6,5%. Это на 1,3% выше, чем ранее составленный прогноз.

예제 2 인터넷 업체인 VIP가 실시한 최근 여론조사 결과에 따르면 인터넷 유저 13165명중 26.5%의 응답자는 소비자 권리 보호 법안의 입법 필요성을 묻는 질문에 '그렇다' 라고 대답했다.

어휘 및 표현
- 인터넷 유저 – пользователи Интернета
- 응답자 – респондент

러시아어 표현

<u>Согласно результатам</u>⑬ последнего опроса, проведённого интернетовской компанией «VIP», из 13165 пользователей Интернета 26,5% респондентов ответили «да» на вопрос о необходимости создания нового закона о защите прав потребителя.

예제 3 러시아에는 전자 상거래가 급속도로 발전하고 있다. 이것은 무엇보다도 일상생활에서 인터넷 사용이 점점 증가하는 것과 관련이 있다.

러시아어 표현

В России электронная торговля развивается быстрыми темпами. Это связано, в первую очередь, с тем, что в повседневную жизнь всё больше проникает Интернет.

---

⑬ = По итогам

연습문제

1 은행 인터넷 사이트를 통해 신청서를 작성하면 5% 할인이 된다.

- 은행 인터넷 사이트 сайт банка
- 신청서 작성 оформление заявки

2 전자 상거래는 통신 및 항공 산업과 같은 분야에서 두드러지게 발전했다.

- 통신과 항공산업 телекоммуникации и авиационная промышленность

3 오늘날 러시아는 미국과 유럽에 비해 전자 상거래가 상당히 뒤쳐져 있다.

- 전자상거래 электронный бизнес
- 에 비해 뒤쳐져 있다 (КТО) отстать от КОГО

4 소비자들은 지역에 상관없이 자신에게 가장 필요한 공급자를 만날 기회를 얻는다.

- 소비자 потребитель
- 공급자 поставщик

5 러시아 인터넷 회사들이 벌어들인 수입은 전세계 인터넷 기업 수입의 5% 밖에 되지 않는다.

- 수입이 ~이다 доход составляет ~

6 유럽의 CEO들은 실질적인 경쟁력 우위를 가져다주는 온라인 비즈니스 발전의 거대한 가능성을 예견하고 있다.

- CEO топ-менеджеры/ исполнительный директор
- 가능성을 예견하다 (КТО) видеть огромный потенциал в ЧЁМ

7 전자 상거래의 발전 및 확대는 지역적으로 뿐만 아니라 사업 분야와 영역 면에서도 가속화하는 경향이 있다.

Key point
- 지역적 범위 географический охват

8 미국의 전자 상거래는 포털 사이트 구축을 시작으로 발전했다.

- 포털 사이트 구축 создание порталов

9 유럽의 전자 상거래 시장은 경제 전반에 걸쳐 동시에 발전하고 있다.

- 유럽 전자상거래 시장 европейский рынок электронной коммерции

10 유럽인들은 미국의 전자 상거래 시장을 실시간으로 분석하고 있다.

- 실시간으로 в реальном времени
- 분석하다 (КТО) анализировать ЧТО

11 전자 상거래는 파트너 및 고객과 새로운 비즈니스 관계를 맺기 위해 인터넷상에서 컴퓨터를 사용하는 것이다.

- 파트너 및 고객 партнёры и клиенты

12 'Sony' 사의 몇몇 컴퓨터에는 사용자들이 양측 회사의 컨텐츠와 서비스에 빠르게 접근할 수 있도록 해 주는 소프트웨어가 설치될 예정이다.

- 컨텐츠와 서비스 контент и услуги
- ~(소프트웨어)를 설치하다 (КТО) снабдить КОГО ЧЕМ(программным обеспечением)

연습문제

13 현재 러시아의 연간 인터넷 비즈니스 분야의 연매출은 2억 5천만 달러이며, 그 중 전자 상거래 부문이 3천 3백만 달러를 차지한다는 자료가 제시되었다.

- 연간 매출액 годовой оборот

14 올해 9월 러시아 통신부는 전자 디지털 서명에 대한 법안과 전자 문서에 관한 법안을 정부에 제출할 예정이다.

- 러시아 통신부 Минсвязи РФ
- 전자 디지털 서명 электронная цифровая подпись
- 전자 문서 электронный документ

15 경제 성장과 더불어 전자 상거래도 활발해질 전망이다.

- 경제 성장과 더불어 с подъёмом экономики

16 현재 기업들이 프로그램 시스템의 통합 문제에 집중적인 관심을 기울이고 있기 때문에 온라인 구매가 활발해질 것으로 예상된다.

- 프로그램 시스템의 통합 интеграция программных систем
- ~에 집중적인 관심을 기울이다 (КТО) обращать пристальное внимание на ЧТО

17 모바일 상거래는 시간이 지날수록 사람들이 모든 서비스 요금 결제와 상품 구매에 무선 전화기(휴대폰)를 이용하게 만들 것이다.

- 모바일 상거래 мобильная коммерция
- 지불하다 (КТО) расплачиваться за ЧТО

18 휴대폰은 적외선 포트를 통해 현금인출기에 결제정보를 송신한다.

- 적외선 포트 инфракрасный порт
- 현금인출기 банкомат

08 '환경' 관련 작문

1 교토의정서는 1997년 교토에서 체결되었는데 이는 인간이 기후변화에 미치는 영향을 최소화하자는 국제 협약이다.

어휘 및 표현
- 기후변화 – климатические изменения
- 국제협약 – международное соглашение

> **예제 1** 교토의정서에 따르면 2008년에서 2012년 사이에 선진국들은 1990년 대비 최소 5%의 온실가스 배출량을 줄여야 한다.

어휘 및 표현
- ~에 따르면 – согласно ЧЕМУ
- 온실가스 배출량 – выбросы парниковых газов

러시아어 표현
Согласно Киотскому протоколу, в 2008-2012 годах развитые страны должны сократить выбросы парниковых газов, по крайней мере, на 5% по сравнению с уровнем 1990 года.

해설
'~년도 대비'란 표현은 모두 по сравнению с ЧЕМ/ по отношению к ЧЕМУ/ к уровню ЧЕГО 등을 사용합니다(예를 들어 '동기 대비'란 표현은 по сравнению с аналогичным периодом/ по отношению к соответствующему периоду/ по отношению к уровню аналогичного периода

2 교토의정서는 향후 9년 동안 선진국들이 1990년 대기 온실가스 배출량을 5.2% 감축할 것을 명시하고 있다.

어휘 및 표현
- 명시하다 – предусматривать
- 교토의정서 – Киотский протокол
- 온실가스 배출량 – выбросы парниковых газов

러시아어 표현
Киотский протокол предусматривает в течение следующих девяти лет сокращать выбросы парниковых газов развитыми государствами на 5,2 процента по сравнению с уровнем 1990 года.

해설

(1) 소수점 이하 두 자리 소수를 러시아어로 읽는 법을 알아두세요.

0,15 – ноль целых пятнадцать сотых
0,01 – одна сотая
0,02 – две сотых
1,29 – одна целая двадцать девять сотых

> **참조** 바로 뒤에 오는 단위는 〈단수 소유격〉으로 쓴다(33,65 долл. – тридцать три целых шестьдесят пять сотых доллара)

(2) 소수가 대격으로 쓰였을 경우에는 одна целая / одна десятая(сотая)의 격어미에 주의하세요. превысить 1,29 млрд. человек/ подняться на 1,04 долл./ составить 1,7 млн. долл. 의 숫자는 одну целую двадцать девять сотых миллиарда человек/ на одну целую четыре сотых доллара/ составить одну целую семь десятых로 읽습니다.

---

3 실제로 최근 10년 동안 대기 중 이산화탄소(CO_2)농도는 3배, 메탄가스 농도는 2.5배 증가하였다.

어휘 및 표현

- 농도 – концентрация
- 대기중 – в атмосфере
- 이산화탄소(CO_2) – двуокись углерода; 메탄가스 – метан

러시아어 표현

Действительно, за последние десятилетия концентрация CO_2 в атмосфере выросла на треть, метана - в 2,5 раза.

해설

(1) '증가되다/감소되다' 에 해당하는 동사를 외워보세요.

증가되다	감소되다
расти́(НСВ)	па́дать(НСВ)
увели́читься(СВ)/увели́чиваться(НСВ)	уме́ньшиться(СВ)/уменьша́ться(НСВ)
повы́ситься(СВ)/повыша́ться(НСВ)	сни́зиться(СВ)/снижа́ться(НСВ)
вы́расти(СВ)/выраста́ть(НСВ)	сократи́ться(СВ)/сокраща́ться(НСВ)
возрасти́(СВ)/возраста́ть(НСВ)	упа́сть(СВ)

예를 들면, '2배로 '증가되다' - увеличиться в два раза[14]
'7분의 1'로 '감소되다' - уменьшиться в семь раз라고 쓴다.

---

[14] = вдвое

(2) '~만큼 증가(감소)하다'를 표현할 때는 'на + 대격'을 사용하고, '~로/까지 증가(감소)하다'를 표현할 때는 'до + 생격'을 사용합니다.

(3) вы́расти/выраста́ть – возрасти́/возраста́ть 두 동사는 의미적으로 큰 차이 없이 쓰입니다.

예제 **2** 최근 몇 년 동안에도 콩, 옥수수, 감자, 토마토, 사탕 무우 등 유전자조작 식물을 재배하는 전 세계의 농지면적은 20배나 증가하여 2400헥타르에 다다른다.

어휘 및 표현
- 농지면적이 증가했다 – возросли посевные площади
- 콩, 옥수수, 사탕 무우 – соя, кукуруза, сахарная свёкла

러시아어 표현
Только за последние несколько лет в мире более чем в 20 раз возросли посевные площади под трансгенные растения, такие как соя, кукуруза, картофель, томаты, сахарная свёкла, и достигли более 24 млн. гектаров.

예제 **3** 대표적인 온실 가스인 CO_2는 주로 석탄이나 석유, 가스의 연소 시 대기 중으로 방출된다.

어휘 및 표현
- 석탄, 석유, 가스 연소 시 – при сжигании угля, нефти и газа

러시아어 표현
Главный парниковый газ - CO_2 - в основном выбрасывается в атмосферу при сжигании угля, нефти и газа.

연습문제

1 러시아는 1990년 이후 유해 가스 대기 방출량을 32%나 줄였다.

2 식물은 탄산가스를 산소로 바꿔준다.

3 교토의정서를 승인한 모든 나라는 가스를 일정량만 배출해야 한다.

4 러시아의 전문가들은 G8 정상회담에서 컨퍼런스 개최 문제를 제기해 줄 것을 요청했다.

5 미국은 국가 경제에 부적합하다는 이유로 2002년에 의정서를 탈퇴했다.

6 탄산가스 배출 쿼터 거래는 새로운 국제 시장을 형성할 것으로 보인다.

7 12일간의 회의 기간 동안 참가자들은 '지구 온난화 방지 대책'에 관한 교토의정서 비준 조건에 대하여 합의해야 했다.

Key point

- 유해 가스 대기 방출량 вредные выбросы в атмосферу

- 탄산가스를 산소로 바꾸다 превращать углекислый газ в кислород

- 교토의정서 Киотский протокол

- G8 정상회담 саммит «Большой восьмёрки»
- 문제를 제의하다 (КТО) поднять вопрос о ЧЁМ

- 국가경제에 부적합하다 экономическая нецелесообразность
- 탈퇴하다 (КТО) выйти из ЧЕГО

- 탄산가스 배출 쿼터 거래 торговля квотами на выбросы углекислого газа

- '지구의 온난화 방지 대책' «О мерах по борьбе с глобальным потеплением климата Земли»
- 비준 조건에 대하여 합의하다 (КТО) договориться об условиях ратификации

8   교토의정서는 현재 전세계 대기오염의 5%에도 못 미치는 22개국만이 비준했다.

9   모든 나라는 가능한 적게 지불하면서 자신에게 가장 유리한 조건을 얻으려고 노력한다.

10 러시아는 전세계 유해가스 배출량의 17%를 차지하며 교토의정서의 조정자 역할을 하고 있다.

11 러시아 기업들은 마침내 환경문제에 관심을 갖게 되었다.

12 대기업들은 회사의 환경 정책을 사회적 책임의 하나이자 국제무대에서 기업이미지를 개선할 수 있는 방편으로 간주하고 있다.

13 서방시장에서 러시아 기업의 경쟁력은 서부유럽과 북아메리카 중산층의 높은 환경의식에 의해 평가되는 것이 사실이다.

Key point

- 대기오염 загрязнение атмосферы

- 유리한 조건을 얻어내다 (КТО) выбить выгодные условия
- 가능한 적게 как можно меньше

- 조정자 역할을 하다 (КТО) выступать в роли арбитра

- 환경문제 экологические проблемы
- 관심을 두다 (КТО) обращать внимание на ЧТО

- 사회적 의무 социальная ответственность
- 기업 이미지 개선 улучшение имиджа компании

- 서부유럽과 북아메리카 Западная Европа и Северная Америка
- 중산층 средний класс общества

연습문제

14 러시아 경제의 수출 비중이 커져가는 상황에서 환경적 요인은 자국 기업의 선진국 시장 진출을 위한 수단으로서 그 역할이 점점 더 커질 것이다.

15 러시아의 50개가 넘는 행정주체는 국민 생활에 실질적인 위협이 되고 있는 산업폐기물의 재처리 문제로 골머리를 앓고 있다.

16 대기오염과 산소부족문제를 해결할 수 있는 더욱더 현실적인 방법은 녹지를 확대하는 것이다.

17 대부분의 학자들은 온실가스, 특히 이산화탄소와 메탄가스가 대기 중에 농축되어 발생하는 온실효과가 심각해진 결과 기후변화가 일어난다고 보고 있다.

18 의정서의 핵심은 2008년부터 2012년까지 대기 중에 배출하는 온실 가스량을 제한, 감축하는 것과 관련, 선진국 및 러시아를 비롯한 과도경제체제의 국가들이 배출량을 약속하는 것이다.

Key point

- 수출 비중 강화 усиление экспортной ориентации
- 역할이 증대되다 (КТО) играть возрастающую роль в ЧЁМ
- 선진국 시장 진출을 위한 수단으로서 в качестве инструмента проникновения КОГО на рынки развитых стран

- 러시아 행정주체 субъекты Российской Федерации(РФ)
- 산업폐기물의 재처리 переработка промышленных и твердых отходов

- 산소부족문제 дефицит кислорода
- 녹지 зеленые насаждения

- 이산화탄소와 메탄가스 углекислый газ и метан
- 농축 накопление

- 과도 경제 체제의 국가 страна с переходной экономикой

19 에너지 효율성이 높은 기술을 도입하는 것보다 다른 나라로부터 이산화탄소 배출 쿼터를 구입하는 것이 더 이득이 되는 경우가 종종 있다.

_____

_____

20 협약의 목적은 기후변화를 방지하기 위한 국제사회의 노력을 결집하고 대기 중의 온실가스 농축현상을 해결하기 위한 것이다.

_____

_____

> **Key point**
> - 에너지 효율 기술 도입 внедрение энергосберегающих технологий
> - 이산화탄소 배출 쿼터 квота на эмиссию углекислого газа
>
> - 협약 конвенция
> - 기후변화를 방지하기 위한 국제사회의 노력을 결집하다 (КТО) объединить усилия мирового сообщества по предотвращению изменения климата

09 '기타주제' 관련 작문

1 한국인 에이즈 감염자는 7일 감염자가 새로 확인돼 1백 명에 달했다. 이들 감염자 가운데 10명은 이미 숨졌으며 현재 89명이 (남자 79명, 여자 13명) 보건 당국의 특별 관리를 받고 있다.

어휘 및 표현

- 에이즈(AIDS) 감염자 – заражённые СПИДом (синдромом приобретённого иммунного дефицита)
- 보건 당국의 특별 관리를 받다 – находиться под специальным контролем Министерства здравоохранения

러시아어 표현

С появлением нового заражённого число южнокорейцев, заражённых СПИДом, достигло ста человек. Из заражённых 10 человек уже умерли. В настоящее время 89 человек (79 мужчин, 13 женщин) находятся под специальным контролем Министерства здравоохранения.

해설

'~에 달하다', '~을 넘다(초과하다)', '~에 육박하다(근접)'의 표현을 알아두세요.

(1) '~에 달하다' – достичь(СВ)/достигать(НСВ) ЧЕГО(생격)
(2) '~을 넘다(초과하다)' – превысить(СВ)/превышать(НСВ) ЧТО(대격)
(3) '~에 육박하다(근접)' – приблизиться(СВ)/приближаться(НСВ) к ЧЕМУ(여격)

예제 1 대다수 러시아인들은 자신의 물질적인 수준에 만족하고 있는가?

어휘 및 표현

- 대다수 러시아인들 – большинство россиян
- 물질 수준 – материальный уровень

러시아어 표현

Удовлетворено ли большинство россиян своим материальным уровнем?
Большинство россиян довольно⑮ своим материальным уровнем?

해설

화법의 전환
(1) 직접화법이 서술문일 때, 접속사 что를 사용한 보어적 종속문으로 바뀐다.

---

⑮ 중립적 문체에 쓰이는 довольно와 달리 удовлетворено는 공식문체((офиц.), (газет.), деловой)에 쓰이며 조격(чем)을 지배한다.

«Отец на собрание пошёл», - ответил Пашка.
— Пашка ответил, что отец пошёл на собрание.

(2) 직접화법이 명령문으로서 술어가 명령법일 때, 접속사 **чтобы**를 사용한 보어적 종속문으로 바뀐다.

«Расскажи сказку», - прошу я старика.
— Я прошу старика, чтобы он рассказал сказку.

(3) 직접화법이 의문사가 있는 의문문일 때, 의문사를 접속어로 한 보어적 종속문으로 바뀐다.

«Куда приехали?» - спросил я, протирая глаза.
— Я спросил, протирая глаза, куда приехали.
«В чём суть твоего плана, Таня?» - спросил Залкинд.
— Залкинд спросил Таню, в чём суть её плана.

(4) 직접화법이 의문사가 없는 의문문일 때, 접속사의 역할을 하는 소사 **ли**를 사용한 보어적 종속문으로 바뀐다.

«Был какой-нибудь ответ на предложение?» - спросил Батманов.
— Батманов спросил, был ли какой-нибудь ответ на предложение.

연습문제

1 "자신의 눈으로 이것을 본 자는 복이 있나니".

 • 복이 있다 быть счастливым

2 김수환 추기경은 우리 시대의 존경 받는 인물로 간주되고 있다.

 • 추기경 кардинал

3 당신의 행동은 당신의 신념과 일관성이 전혀 없다.

 • 일관성이 전혀 없다 не иметь ничего общего с ЧЕМ.

4 한국과 중국 사이에 명확한 국경선이 어디에 있는지 아무도 모른다.

 • 명확한 국경선이 놓여있다 пролегает чёткая госграница

5 이 문장에서 'который' 가 문장의 어디에 걸립니까?⑯

 • ~에 걸리다 относиться к ЧЕМУ

6 요즘, 백화점은 과소비의 전시장으로 전락했다.

 • 과소비 перерасходы; расходование средств в целях повышения своего социального статуса; престижные расходы на предметы роскоши

⑯ = 어느 단어와 연관이 있습니까?

7 그가 선량한 사람이라는 것은 살짝 보기만 해도 알 수 있다.

8 길에 껌을 뱉으면 30,000원의 벌금을 물어야 한다.

9 러시아에서는 수요가 늘어남에 따라 상품생산이 증가하고 있다.

10 저희 건설회사는 집 주변 공간을 인간과 자연이 더불어 살아가는 쾌적한 공간으로 만들겠습니다.

11 철학이란 자연과 인간의 모든 문제를 진지하게 연구하는 학문이다.

12 근대의 유럽문화는 그 어느 문화보다도 세계사에 더 큰 영향을 미쳤다.

Key point

- 살짝 보다 взглянуть на кого

- 껌을 뱉다 выплёвывать жевательную резинку

- 수요 потребности
- 상품생산 производство продуктов

- 인간과 자연이 더불어 살아가는 공간 пространство, в котором человек и природа могут сосуществовать

- 넓고 깊게 연구하다 (КТО) серьёзно заниматься ЧЕМ

- 근대 новое время
- 근대사 история нового времени

연습문제

13 과소비 억제 분위기에도 불구하고 수입자유화에 편승, 외국산 고급 승용차의 국내 판매가 크게 늘고 있다.

Key point
- 수입자유화 либерализация импорта

14 5월 3일부터 6월 25일까지 인천 송도유원지에서 우주정거장 미르호의 본체모형과 러시아 항공우주기기들이 전시될 예정이다.

- 송도유원지에서 в парке аттракционов «Сондо»
- 우주정거장 미르호의 본체모형 전시 демонстрация макета станции «Мир»

15 일요일 제네바에서 폐막된 발명 올림피아드에서 20명으로 구성된 한국 대표단은 금메달 11개, 은메달 7개, 동메달 2개를 획득했다.

- 발명품 올림피아드 Олимпиада изобретателей
- 금 11개, 은 7개, 동 2개 획득 завоевать 11 золотых, 7 серебряных и 2 бронзовые медали

16 오늘 대한항공은 한일 월드컵 개최기간 동안 서울 김포공항과 도쿄 하네다 공항 간을 운행하는 특별노선이 추가될 것이라고 밝혔다.

- 특별노선이 추가되다 введены дополнительные чартерные авиарейсы

17 이 책은 포스트 모더니즘에 대해, 그 발생부터 20세기 후반 미국을 중심으로 문화 각 분야에서 일어난 변화까지 망라한 책이다.

- 포스트모더니즘 постмодернизм
- 발생부터 변화까지 с момента его возникновения до изменений

18 동양에서는 천재지변이 나면 하늘을 두려워하고 국가를 원망하는 것이 전통적인 사고였지만 오늘날 수재민은 절망하지 않고 역경을 이겨낼 수 있다는 의지가 뚜렷하다.

- 동양의 전통적 사고 традиционное восточное мышление
- 나라를 탓하다 (КТО) жаловаться на государство
- 절망하다 (КТО) отчаиваться

19 영화 007 시리즈의 주인공으로 널리 알려진 영국의 영화배우 로저 무어가 북한 방문을 추진 중이라고 미국의 자유아시아방송이 보도했다.

20 교수와 시간강사가 절대 부족한 지방 대학들은 학생들의 학구열을 살려주지 못하는 실정이다.

21 사회적으로 전문화와 통합의 경향이 강해짐에 따라 새로운 정보, 지식 축적 그리고 문학 서적 출판에 대한 요구가 커져가고 있다. 따라서 출판물을 다양화할 필요가 있다.

22 자동차수의 급증에 따라 주차난이 갈수록 심각해지고 있다. 주차문제에 대한 근본적인 대책은 없는 것일까?

23 방송프로그램에서 외국어를 남발하는 사례가 늘고 있어 문제로 지적되고 있다. 이에 따라 언어 심의위원회는 가급적 우리말을 쓰도록 당부하고 있다.

Key point

- 영화 007 시리즈의 주인공으로 널리 알려진 영국의 영화배우 로저 무어 Известный британский киноактёр Роджер Мур, прославившийся своим исполнением роли агента 007 Джеймса Бонда,...

- 대학 강사 преподаватель-почасовик
- 학생들의 학구열 стремление студентов заниматься наукой

- 전문화 профессионализм
- 새로운 정보, 지식 축적 필요 потребность в новой информации, накоплении знаний
- 책의 다양화가 필요하다 необходимо разнообразие книжной продукции

- 자동차의 급증에 따라 по мере значительного увеличения спроса на автомобили
- 주차문제 – проблема стоянок

- 외래, 외국어를 남발하다 всё больше злоупотреблять иностранными словами
- 언어 심의위원회 Совещательный комитет по контролю за языком

연습문제

24 도올 김용옥 중앙대 석좌교수가 5월3일 오후 2시 서울 중앙대 아트센터에서 '록의 대부' 격인 가수 전인권과 함께 록 페스티벌을 벌인다.

25 내일 전시회 개회식에는 러시아, 케냐 등 5개국 30명으로 구성된 공연단을 포함, 1800여 명의 국내외 문화예술계 인사들이 참가할 예정이다.

26 정부는 티베트의 정신적 지도자 달라이라마의 11월 방한을 허용하기 어렵다는 뜻을 〈달라이라마 방한 준비 위원회〉에 전달한 것으로 확인됐다.

27 김대중 대통령은 오늘 오후 청와대에서 세계적으로 유명한 천체 물리학자인 스티븐 호킹 박사를 접견하고, 호킹 캠브리지대 교수의 방한을 계기로 한국과 영국 두 나라의 기초 과학 교류와 협력이 활발해지기를 기대한다고 말했다.

28 굳은 의지로 신체 장애를 딛고 우주 물리학의 새 이론을 발표하고 있는 스티븐 호킹 박사는 "생존하는 물리학자 중 우주의 비밀을 가장 잘 알고 있는 천재"로 평가받고 있다.

Key point

- 서울 중앙대 아트센터에서 в Центре искусств Сеульского филиала университета Чунан
- '록의 대부' 격인 가수 전인권과 함께 в сотрудничестве с певцом Чон Ин Квоном, «крёстным отцом рока Кореи»
- 록 페스티벌을 벌이다 провести рок-фестиваль

- 전시회 개회식에는 в торжественном открытии выставки
- 5개국 30명으로 구성된 공연단 эстрадные коллективы, состоящие из 30 человек из 5 стран
- 문화예술계 인사들 деятели культуры и искусства

- 티베트의 정신적 지도자 духовный лидер Тибета
- 달라이라마 방한 준비 위원회 общественный комитет по подготовке визита в Корею духовного лидера Тибета Далай-Ламы

- 세계적으로 유명한 천체물리학자 всемирно известный астрофизик
- ~와의 교류와 협력이 활발해지다 (КТО) расширить обмен и сотрудничество между КЕМ и КЕМ
- 캠브리지 대학교 Кэмбриджский университет

- 굳은 의지로 신체 장애를 딛고 преодолев огромной волей физические недостатки
  [참고] КТО преодолел ЧТО КАК
- 우주의 비밀 космические секреты

29 오늘 청와대에서 김대중 대통령은 방한 중인 세페 교황청 인류복음화부 장관을 접견했습니다.

30 재미한국청년연합과 재미한겨레동포연합은 미국 행정부에 SOFA, 즉 한미주둔군지위협정을 조속히 개정할 것을 촉구했습니다.

31 조총련계 동포 고향 방문단이 오늘 김포 공항을 통해 입국했습니다

32 어제 실시된 국회의원 재보궐선거에서 한나라당이 압승을 거뒀습니다.

33 김대중 대통령은 오늘 신임 국무총리 서리에 50세의 장대환씨를 임명했다.

34 이명박 전 서울시장이 12월 대통령 선거에 출마할 한나라당 공식후보로 선출되었다.

Key point

- 세페 교황청 인류복음화부 장관 кардинал-префект Конгрегации по вопросам вероучения Франьо Сепер

- 재미한국청년연합 Союз корейской молодёжи в США
- 재미한겨레동포연합 Союз этнических корейцев, живущих в США
- 한미주둔군지위협정 (SOFA) южнокорейско-американское соглашение об условиях пребывания американских войск в Корее

- 동포 고향 방문단 группа этнических корейцев
- 조총련 просеверокорейская организация «Чочхонрён»
- 김포 공항을 통해 입국하다 прибыть в южнокорейский аэропорт «Кимпхо»

- 국회의원 재보궐선거에서 на внеочередных выборах депутатов Национального Собрания
- 한나라당 партия «Ханнара»

- 신임 국무총리 서리에 ~를 임명하다 (КТО) назначить КОГО на пост исполняющего обязанности премьер-министра

- 전 서울시장 бывший мэр Сеула
- 한나라당 공식후보로 선출되다 избран официальным кандидатом от партии «Ханнара»

연습문제

35 김대중 대통령은 오늘 아침 은행 불법 대출의혹 사건과 관련해 사의를 표명한 ○○○ 문화관광부 장관의 사표를 수리했습니다.

_____

_____

Key point

- 사표를 수리하다 (КТО) принять прошение об отставке
- 은행 불법 대출의혹 사건과 관련해 КТО, по слухам замешанный в финансовых нарушениях
  [참고] КТО замешан в ЧЁМ

2 연습문제 해답

01 '경제' 관련 작문 연습문제 해답 _ 114
02 '국제뉴스' 관련 작문 연습문제 해답 _ 119
03 '남북관계' 관련 작문 연습문제 해답 _ 129
04 '사회·문화' 관련 작문 연습문제 해답 _ 136
05 '스포츠' 관련 작문 연습문제 해답 _ 141
06 '의학' 관련 작문 연습문제 해답 _ 146
07 '전자상거래' 관련 작문 연습문제 해답 _ 148
08 '환경' 관련 작문 연습문제 해답 _ 150
09 '기타주제' 관련작문 연습문제 해답 _ 152

01 '경제' 관련 작문

1. Китайская компания со штаб-квартирой в Пекине является производителем вспомогательного компьютерного оборудования.

2. Есть оговорка о том, что этот прогноз не учитывает возможного повышения цен на нефть.

3. Он подозревается в получении нескольких миллиардов вон от своего друга в качестве взятки.

4. Это в конечном итоге ударит по карманам[1] американских потребителей.

5. Эта компания создала солидную финансовую базу путём формирования международного консорциума.

6. По размеру валютных резервов Южная Корея сейчас занимает пятое место в мире после Японии, Китая, Тайваня и Гонконга.

7. Такое решение означает неминуемое введение в отношении Пхеньяна экономических санкций.

8. Решение о снижении объемов добычи нефти может быть принято ОПЕК уже на ближайшей сессии, которая должна состояться в марте.

9. В зависимости от результатов реформ и реструктуризации предприятий страновой рейтинг кредитоспособности Республики Корея может подняться выше нынешнего уровня.

10. Китайская сторона попросила правительство Южной Кореи упростить визовые формальности и въездные процедуры для работников китайских предприятий.

11. Правительство Республики Корея решило досрочно погасить свои долги в размере 3 миллиардов 800 миллионов долларов перед Азиатским Банком развития.

12. Он предстал перед следователями для ответа на вопросы о его причастности к скандалу, связанному с использованием политического влияния в целях[2] наживы[3].

13. Он был арестован по обвинению в получении крупных взяток от различных компаний в обмен на предоставление различных льгот и привилегий.

14. Число туристов, ежемесячно посещающих горы Кымгансан[4], стало превышать 12,000 человек, что считается минимальным уровнем для

---

1) семейному бюджету
2) 전치사 с를 사용해도 의미상의 차이는 없으나 в целях ЧЕГО가 더 공식문체에 적합합니다.
3) обогащения
4) Алмазные горы

обеспечения рентабельности туристского бизнеса.

15 В мартовском выпуске своего так называемого «Взгляда на мировую экономику» Международной валютный фонд (МВФ) предсказывал[5], что экономический рост Южной Кореи будет в пределах 5(пяти) процентов.

16 Большинство банкоматов «Bank of America Corp.» в субботу не работало из-за действия компьютерного вируса, сообщает «Washingtonpost.com».

17 Компания «Хайникс» в настоящее время находится под контролем своих кредиторов, которые стараются вернуть себе хотя бы часть из общей суммы долгов, исчисляемых 5(пятью) миллиардами долларов.

18 «Укрепление евро вызвало рост дополнительных внешних платежей в прошлом году в размере $400 млн., что было предусмотрено бюджетом».

19 Виталий Шуба заметил, ссылаясь на известную английскую пословицу, «все яйца в одну корзину не кладут»: «Лучше всего хранить средства и в рублях, и в долларах, и в евро».

20 В ОАО «Аэрофлот - Российские авиалинии» объявлено предзабастовочное состояние. К забастовке готовы три первичные профсоюзные организации, представляющие интересы пяти тысяч сотрудников авиакомпании.

21 На лондонской бирже продолжается падение стоимости акций крупнейших компаний, сообщает британский телеканал «BBC». С момента открытия торгов в понедельник утром и до полудня индекс 100 ведущих игроков рынка снизился на 111 пунктов и составил 3,492.

22 «Рост курса евро к доллару США на мировом валютном рынке не нанесет существенного ущерба российской экономике и не вызовет всплеска инфляции в России», - заявил в интервью «*Вестям.Ru*» заместитель председателя думского Комитета по бюджету Виталий Шуба.

23 В результате забастовки рабочие добились повышения зарплаты.

24 Американский автогигант «Форд моторс» вчера принял решение об отказе от покупки южнокорейского автозавода «Дэу мотор».

25 Южнокорейская федерация промышленников приняла решение активизировать свою экономическую дипломатию.

---

5) 불완료 동사의 접미사인 -ыва-/-ива-를 갖고 있는 동사의 강세는 이 접미사 바로 앞 모음에 규칙적으로 위치합니다(выскáзывать, расскáзывать, разговáривать, устанáвливать 등등).

01 '경제' 관련 작문

26 Необходимо улучшить материальное положение государственных служащих для того, чтобы они добросовестно выполняли служебные обязанности, не испытывая материальных трудностей.

27 Было заявлено, что до конца этого года КОТРА откроет торговое представительство во Вьетнаме.

28 Хотя снижается объём экспорта, это не должно вызывать тревогу.

29 Правительство собирается провести всестороннюю реконструкцию нынешней торговой системы для того, чтобы сделать положительным сальдо торгового баланса.

30 С момента окончания Второй мировой войны ВТО эффективно поддерживает выполнение решений Уругвайского раунда и надёжнее укрепляет «Общее генеральное соглашение о тарифах и торговле(ГАТТ)», регулирующее порядок международной торговли.

31 В последнее время по мере повышения цен на нефть из-за обострения обстановки на Ближнем Востоке проводится кампания по экономии энергии. Эту кампанию необходимо проводить в каждом доме и на каждом рабочем месте.

32 Самое важное в решении сельскохозяйственного вопроса в Корее – добиться повышения роли сельского хозяйства внутри страны[6] путём усиления контроля над импортом сельскохозяйственной продукции.

33 Народ у нас в стране считает, что обеспечение жильём является самой главной проблемой, которую правительство скоро решит.

34 В последнее время в Министерстве промышленности и ресурсов заявляют, что несмотря на то, что международная конференция ОПЕК решила повысить цены на нефть, они не намерены повышать[7] стоимость бензина внутри страны.

35 Кредиторы «Хайникс семикондактор» в пятницу выдвинули проект решительной реструктуризации этой погрязшей в долгах компании.

36 Согласно информации налогового управления тридцать пять процентов недвижимого имущества шести крупнейших групп используется в непроизводственной сфере. Необходимо прекратить спекуляцию недвижимым имуществом.[8]

37 В последнее время по мере того, как крупные предприятия внутри страны

---

6) страны́는 단수 소유격이고 стра́ны는 страна́의 복수 기본형태입니다. 혼동하지 말고 강에 유의하기 바랍니다.
7) (не) намерены라는 의미가 일정 기간 동안이라는 의미를 내포하고 있기 때문에 완료상 동사인 повысить가 아닌 불완료상 동사인 повышать가 쓰였음에 유의하기 바랍니다.

всё активнее стремятся к импорту сельскохозяйственных и рыбных продуктов, идёт процесс разрушения сельского хозяйства.

38 В этом году валовой внутренний продукт(ВВП) в РК увеличится на 5%, а активное сальдо торгового баланса составит 5 миллиардов долларов.

39 Компания «Хёндэ мотор», являющаяся крупнейшей автомобилестроительной компанией страны, в прошлом месяце продала в Японии 329 своих автомашин. Это наивысший месячный показатель.

40 Правительство решило дать льготы <u>людям</u>[9] и предприятиям, пострадавшим от <u>проливных дождей</u>[10], и создать фонд помощи при несчастных случаях.

41 Местные производители сильно обеспокоены сообщениями о том, что Россия предпримет меры по запрету экспорта металлолома через свои дальневосточные порты.

42 <u>Говорят, что из-за неожиданного обострения положения дел в Персидском заливе перспективы экономики оказались неясной, но об этом судить всё же преждевременно, потому что у нас достаточно сил, чтобы преодолеть эти трудности.</u>[11]

43 Заместитель премьера и министр финансов страны Чон Юн Чхоль, президент Центрального корейского банка Пак Сын и руководители корейских коммерческих банков сегодня отправились в Шанхай для участия в 35-й генеральной конференции Азиатского банка развития.

44 Случаи загрязнения моря из-за утечки нефти, происходящие один за другим в последнее время, увеличивают объём загрязнения и убытки. В результате отсутствия профилактических мер это становится серьёзной социальной проблемой.

45 Конфликты рабочих с предпринимателями, происшедшие в нынешнем году, сократились более чем на 20 процентов по сравнению с прошлым годом. Главная причина заключается в том, что большинство фирм провело семинары, в которых одновременно участвовали рабочие и предприниматели, и они смогли обменяться мнениями друг с другом.

---

8) = В результате проверки выплаты государственных налогов оказалось, что 6 крупнейших предприятий имеют недвижимое имущество, из которого 35 процентов используется в непроизводственной сфере. Необходимо запретить спекуляцию недвижимым имуществом.
9) = частным лицам
10) = ливней
11) = Хотя перспективы развития экономики неблагоприятны из-за неожиданной агрессии в Персидском заливе, ещё рано отчаиваться, и у нас есть достаточно сил, чтобы преодолеть эти трудности.

01 '경제' 관련 작문

46 В связи с отказом американского автогиганта «Форд моторс» от покупки южнокорейского автозавода «Дэу мотор» специально созданный для участия в аукционе альянс «Хёндэ» и GM вновь выразил намерение приобрести «Дэу Мотор».

02 '국제뉴스' 관련 작문

01 Режим 60-летнего Ху Цзиньтао как главы государства КНР официально начался.

02 В среднем на одно место будут баллотироваться по три кандидата .

03 По всей стране началась официальная кампания по выборам в местные органы власти.

04 Китайская полиция арестовала Ян Биня по подозрению в уклонении от уплаты налогов.

05 В офисе проведены две линии телефонной и факсимильной связи.

06 Сообщение о запуске первого иранского спутника не соответствует действительности.

07 Надо представить на рассмотрение Конгресса ежегодный отчётный доклад.

08 Россия планирует более тесно[12] сотрудничать с западными странами.

09 Действия китайских властей противоречат Венской конвенции о консульских сношениях.

10 Были разрушены преграды[13] на пути дальнейшего развития взаимоотношений.

11 С 20 мая вступило в действие[14] Соглашение о безвизовых поездках.

12 Сегодня в первой половине дня президент РК Ким Дэ Чжун с супругой Ли Хи Хо отправился в Нью-Йорк для участия в саммите тысячелетия ООН, который продлится до 8 числа этого месяца в штаб-квартире ООН.

13 Президент России Дмитрий Медведев выразил серьёзную озабоченность[15] по поводу нарастания напряжённости в районе Кашмира.

14 Во́ды, расположенные между Кореей и Японией, названы не Японским, а Восточным морем.

15 В среду впервые после разделения Кореи на две части начала́ действовать прямая линия «горячей связи».

16 Требуются гарантии постоянного материально-технического обслуживания истребителей.

17 Российско-корейская встреча на высшем уровне проходит уже в четвёртый раз.

18 США могут предоставить[16] руководству КНДР официальные гарантии ненападения.

---

12) = интенсивно 또는 активно
13) = препятствия
14) = силу
15) = тревогу
16) вы́ставить동사는 '~를 요구(требования)하기 위해 제시하다'의 의미를 갖고 있는 반면, предоста́вить는 단순하게 '제공하다'의 의미를 갖고 있는 점에서 동의적 표현이 아니라는 점에 유의하기 바랍니다.

02 '국제뉴스' 관련 작문

19 Администрация президента Буша заявила, что согласна на переговоры с Пхеньяном лишь в рамках многостороннего форума с участием Китая, Южной Кореи, Японии и России.

20 Надо расследовать эти инциденты и принять соответствующие меры по отношению к их организаторам[17].

21 Неопознанное[18] рыболовецкое судно с китайскими опознавательными знаками покинуло запретную для рыболовства зону.

22 Жёсткая политика американской администрации по отношению к КНДР вызывает у южнокорейцев антипатию к США.

23 Международное сообщество оказывает на председателя Государственного комитета обороны КНДР Ким Чен Ира нажим[19] с тем, чтобы заставить[20] его возобновить диалог с Вашингтоном.

24 Последнее решение Международной гидрографической организации (МГО) противоречит принципам и практике деятельности международных организаций.

25 Антипатия корейцев к японцам и антиамериканские настроения среди корейцев усилились.

26 В целом позиции России, Германии и Франции по иракской проблеме совпадают.

27 Северокорейская сторона известила американскую сторону о возможности переноса или даже отмены визита специального посла США на переговорах с Сверной Кореей Джека Причарда в Пхеньян.

28 Правительство КНР не спешит со своим решением, учитывая деликатные отношения[21] с КНДР.

29 С другой стороны, Китай беспокоится о возможном повторении аналогичных случаев в будущем.

30 В ходе встречи южнокорейская сторона рекомендовала Пхеньяну отказаться от своих угроз о создании ядерного оружия.

31 Они оказались замешанными в различных скандалах, связанных с получением крупных взяток.

32 Пхеньяну были принесены извинения за недавние жёсткие высказывания

---

17) = зачинщикам 또는 инициаторам
18) = Неизвестное
19) = давление
20) = принудить 또는 вынудить
21) = '태도(отношение)'가 아닌 '관계(отношения)'를 나타내는 단어처럼 복수로 쓰이는 명사들은 переговоры(회담, 교섭), перспективы(전망) 등이 있습니다.

министра иностранных дел РК в адрес КНДР.

33 Россия использует право вето в Совете Безопасности ООН, если там будет поставлен вопрос о начале войны против Ирака.

34 Задача России должна состоять в том, чтобы обеспечить условия для возобновления американо-северокорейских контактов уже в самое ближайшее время.

35 Премьер-министр Израиля Ариэль Шарон назвал неэффективной миротворческую деятельность России, США, ООН и Евросоюза на Ближнем Востоке.

36 Германия заявила, что не поддержит резолюцию ООН, разрешающую проведение военной операции в Ираке.

37 Сегодняшнее заседание Совета управляющих Международного агентства по атомной энергии (МАГАТЭ) в Вене может стать поворотным пунктом в истории северокорейской ядерной программы и вообще в ситуации на Корейском полуострове.

38 Находясь на американской земле, министр иностранных дел России И. Иванов начал свое выступление с того, что выразил глубокие соболезнования правительству и народу Соединенных Штатов в связи с трагической гибелью экипажа космического корабля «Колумбия».

39 «Мы дали ясно понять, что не имеем агрессивных намерений. Однако Пхеньяну, видимо, нужно нечто большее, чем заявление, содержащее гарантии о ненападении», - подчеркнул госсекретарь США.

40 В четверг в ходе телефонного разговора с главой МИД России Игорем Ивановым министр иностранных дел Японии Иорико Кавагути выразила надежду на то, что «Россия сыграет роль посредника в решении северокорейской ядерной проблемы».

41 Премьер-министр Израиля Ариэль Шарон отметил существование и финансовых проблем, препятствующих ликвидации палестино-израильского конфликта.

42 Гендиректор МАГАТЭ Мохаммед Эль-Барадей подверг критике возобновление Пхеньяном замороженных ранее атомных программ и выход КНДР из Договора о нераспространении ядерного оружия (ДНЯО).

43 3 ноября генеральный директор Международного агентства по атомной энергии (МАГАТЭ) Мохаммед Эль-Барадей призвал кардинально пересмотреть систему Договора о

02 '국제뉴스' 관련 작문

нераспространении ядерного оружия, предложив взять под многосторонний контроль мировую военную переработку урана и плутония.

44 Как отмечает «Washington Post», заместитель главы МИДа России Александр Лосюков заявил вчера о том, что политика США, направленная на изоляцию КНДР, является ошибочной.

45 «Наша позиция остается прежней — вопрос о ядерной программе необходимо урегулировать политико-дипломатическими средствами», - заявил Лосюков накануне голосования.

46 Президент бывшего Советского Союза Михаил Горбачёв задел США, сказав: «Демократию нельзя навязать танками и ракетами, это то, что осуществляется усилиями самого народа».

47 Министр иностранных дел Китая Тянь Цзяхуан высказался за продолжение работы международных инспекторов в Ираке.

48 США не будут финансировать российскую космическую программу до тех пор, пока Москва не откажется от сотрудничества с Ираном в области ядерных технологий.

49 Однако не исключена[22] вероятность отсрочки[23] этой поездки, поскольку потребуется некоторое время на подготовку предстоящего визита.

50 Вчера по возвращении из поездки в Пхеньян он дал распоряжение[24] возобновить контакты с Вашингтоном.

51 Южнокорейское правительство выразило глубокое сожаление по поводу вчерашнего посещения премьер-министром Японии храма Ясукуни.

52 Как и предполагалось, первый вице-премьер РФ Дмитрий Медведев, кандидат в президенты от правящей партии, назначенный правопреемником президента Владимира Путина, одержал абсолютную победу на 5-х президентских выборах в РФ, состоявшихся[25] 2 марта, получив поддержку[26] более 70 процентов избирателей.

53 Вчера президент РК Ким Дэ Чжун направил поздравительную телеграмму в адрес Жака Ширака в связи с его переизбранием на пост президента Франции сроком на 7 лет.

---

22) = исключается
23) = переноса даты
24) дал распоряжение가 학술체적 특성을 갖는다면 распорядился는 구어체적 특성을 갖습니다.
25) = прошедших
26) = заручившись поддержкой

«Ваша победа - естественный результат заслуг, накопленных за 7 лет блестящего управления Францией».

54 Пак Кын Хе вылетела из Инчхонского международного аэропорта в Пекин, откуда она завтра утром отправится в Пхеньян с 7-дневным визитом.

55 Французский президент выразил президенту США Бушу протест по поводу этих попыток использования[27] силы, а также призвал его не допускать повторения таких инцидентов.

56 «Я, конечно, был взволнован, когда китайская полиция арестовала меня в японском консульстве, но сейчас я постарался забыть[28] все эти неприятности воспоминания».

57 Этот абсурдный список составлен американцами, которые сами достойны называться главарями международного терроризма[29].

58 Согласно[30] новому протоколу, который вступит в действие через 30 дней после подписания, срок выдачи виз на краткосрочные поездки до трёх месяцев сократится до пяти дней с нынешних двух недель. А срок выдачи долгосрочных и многократных виз будет сокращён с одного месяца до двух недель.

59 Это заявление идёт вразрез с тем, что[31] между ядерными державами мира сейчас активно ведётся обсуждение вопросов, связанных с разоружением.

60 Президент страны Ким Дэ Чжун заявил, что правительство сделает всё, что возможно, чтобы жизнь быстрее вернулась в нормальное русло.

61 Правительство Республики Корея(РК) предпринимает все усилия для предотвращения повторения подобных конфликтов, соблюдения условий Соглашения о перемирии, подписанного между КНДР и войсками ООН в 1953 году.

62 Глава Пентагона Дональд Рамсфелд назвал Северную Корею «террористическим режимом». Об этом глава Пентагона заявил журналистам после слушаний в конгрессе США в Вашингтоне. Он сделал это заявление, комментируя сообщение о запуске КНДР своих ядерных реакторов.

63 Министр обороны США Рамсфелд полагает, что Северная Корея ведёт

---

27) = применения
28) = выбросил из головы
29) '~주의(主義)'를 의미하는 –изм에는 항상 강세가 온다는 사실을 꼭 알아두기 바랍니다.
30) = По
31) = противоречит тому, что

02 '국제뉴스' 관련 작문

разработки, которые в течение небольшого периода времени позволят ей создать еще шесть-восемь боеголовок в дополнение к тем одной-двум, которые, как он полагает, уже могут находиться в ее распоряжении.

64 В этом заседании приняли участие 12 министров иностранных дел из постоянных и непостоянных членов ООН, не приехали только главы внешнеполитических ведомств Сирии, Анголы и Гвинеи, которые прислали своих заместителей.

65 Госсекретарь США Колин Пауэлл завершил свое выступление на заседании Совета безопасности ООН, посвященном ситуации вокруг Ирака.

66 Госсекретарь США Колин Пауэлл представил в ходе своего выступления многочисленные фотоснимки, которые были сделаны с разведывательных американских спутников, была также предоставлена возможность прослушать перехваты телефонных разговоров бригадных генералов и полковников элитных иракских войск, где обсуждался вопрос, как ввести в заблуждение инспекторов.

67 Госсекретарь США Колин Пауэлл также привел сведения о том, что в Багдаде имеет место нарушение прав человека, о том, что там бесследно[32] исчезают десятки тысяч людей.

68 Глава российского МИДа Игорь Иванов заявил, что все разведывательные данные, предъявленные Пауэллом, должны быть и будут проверены экспертами. Иванов добавил, что Россия пока не видит необходимости в принятии новой резолюции ООН по Ираку.

69 Республика Корея(РК) в понедельник передала свой протест в штаб Международной гидрографической организации в связи с отменой голосования по вопросу о наименовании водного пространства между РК и Японией.

70 Участники Евроазиатского саммита дали высокую оценку усилиям, предпринимаемым обеими Кореями для достижения взаимного примирения.

71 Южной Корее в ходе усилий по преодолению экономического кризиса удалось избавиться от устаревших методов руководства, практиковавшихся долгое время, а Японии, несмотря на все усилия, не удалось преодолеть экономический спад.

---

32) = без каких-либо сведений

72 Президенты РК и США единодушны во мнении³³⁾ о том, что развитие ситуации в Северной Корее во многом зависит от решения ряда вопросов, связанных с программами ракетных и ядерных разработок СК.

73 Газета «Нью-Йорк таймс» сегодня назвала решение о создании специального административного района в городе Синыйджу «игрой с огнём» руководителя КНДР Ким Чен Ира.

74 В администрации Буша существуют разногласия по поводу направления специального посланника в Пхеньян: разногласия между теми, кто положительно смотрит на такой шаг, и теми, кто считает это уступкой Пхеньяну, углубляются.

75 Мы выступаем за³⁴⁾ запрещение ядерных вооружений³⁵⁾ и полное разоружение.

76 59-летний Коидзуми пользуется в Либерально-демократической партии(ЛДП) поддержкой молодёжи.

77 В результате сильного землетрясения на Филиппинах погибло более пятисот человек.

78 Правительство РК решило полностью отказаться от применения биологического оружия.

79 Результат обмена технологиями³⁶⁾ между Республикой Корея и Российской Федерацией будет убыточным, если мы будем торопиться.

80 Города Кунсан и Масан могут стать зонами свободной торговли.

81 Сеул стремится к заключению договоров об экстрадиции с другими странами.

82 Взаимные демарши не нанесут ущерба отношениям между двумя странами в долгосрочной перспективе.

83 Правительство РК намеревается добиться проведения встреч глав внешнеполитических ведомств США, РК и КНДР в Брунее.

84 Российское агентство ИТАР-ТАСС передало, что проведение «Всемирной конференции по средствам массовой информации» в будущем году возможно в Пхеньяне.

---

33) = высказали общее мнение
34) = поддерживаем
35) 'ядерное оружие'는 '핵무기 그 자체'만을 의미하고 ядерное вооружение는 '핵무기 그 자체'와 '핵무기화 과정'을 의미한다 이들 어결함은 создание, приобретение, применение 등의 명사들과 결합한다.
36) 이미 생산된 '제품'이나 산업발전(развитие промышленности)의 의미를 지닌 техника(бытовая ~; мир науки и техники)와 달리, технология는 '방법(методы, т.е. как это сделать)'의 의미를 갖는다.

02 '국제뉴스' 관련 작문

85 Сегодня в Иране произошло сильное землетрясение, в результате чего погибло двадцать пять тысяч человек и было ранено более двадцати тысячи человек.

86 По заявлению[37] Министерства финансов и экономики стоимость проезда по железной дороге, на такси, а также почтовые тарифы в Корее ниже, чем в США и Японии.

87 Руководители многих стран, желающие посетить Корею, считают нашу страну «многообещающей, перспективной страной».

88 Иракские официальные лица сообщили, что Ирак, испытывающий много трудностей из-за экономических санкций ООН, должен ввести систему нормирования основного продовольствия с первого сентября.

89 Президент Республики Корея Ким Дэ Чжун нанесёт официальный визит в Японию по приглашению премьер-министра Японии Йосиро Мори с 22 по 24 сентября.

90 Министры торговли и промышленности РК и Японии договорились о том, что с 3 сентября в течение двух дней они проведут в Сеуле переговоры по активизации совместного сотрудничества и развития.

91 В четверг в Пхеньяне состоялась официальная церемония передачи КНДР российской гуманитарной помощи.

92 Министерство юстиции Японии сейчас занимается установлением личности задержанного человека и планирует в ближайшие несколько дней депортировать его в Китай.

93 Южнокорейский президент поблагодарил председателя КНР Цзян Цзэмина за поддержку проведения межкорейского саммита. А Цзян Цзэминь, в свою очередь, заявил о своей активной поддержке южнокорейской кандидатуры на пост председателя следующей сессии Генеральной Ассамблеи ООН.

94 Несомненно, что на этих переговорах министры иностранных дел двух стран официально обсудят вопрос об установлении дипломатических отношений[38] и сделают совместное заявление.

95 Москва применила «зеркальный подход» в своём ответе на действия США по высылке группы российских дипломатов.

---

37) = По сообщению
38) = Утверждают, что на этих переговорах министры иностранных дел двух стран официально договорятся об установления дипотношений...

96 Первая группа правительственной экономической делегации улетала в Женеву, чтобы участвовать в первых переговорах по установлению дипотношений между Северной Кореей и США, а также по расширению экономического сотрудничества.

97 В четверг спикер президентской администрации Пак Сон Сук приветствовала очередное повышение суверенного кредитного рейтинга Южной Кореи.

98 Есть ли возможность свергнуть режим президента Ирака Саддама Хусейна, который надеется стать «императором арабских стран», путём внутреннего восстания?

99 3 июля министр обороны РК Ким Дон Син доложил президенту Ким Дэ Чжуну об обстоятельствах перестрелки между ВМС двух Корей, произошедшей в минувшую субботу в Жёлтом море.

100 29 июля японская экономическая газета передала сообщение о том, что в интервью с корреспондентом этой газеты представитель[39] правительства Китая заявил, что этой осенью предполагается заключить соглашение, на основе которого будут открыты торговые представительства в Корее и Китае.

101 15 августа в Ираке прошли "повальные аресты" как ответ на попытку некоторых офицеров совершить покушение на жизнь иракского президента Саддама Хусейна, которое завершилась неудачей.

102 8 августа иранский министр нефтяной промышленности заявил, что Организация стран-экспортёров нефти (ОПЕК) будет увеличивать производство нефти в связи с недопроизводством нефти из-за иракского вторжения в Кувейт.

103 Владивосток, крупнейший портовый город России, был совершенно закрыт от внешнего мира в течение 60 лет,[40] так как там расположена база Тихоокеанского флота России.

104 В настоящее время в КНР самая серьёзная проблема состоит в том, что народ постепенно теряет доверие к руководству коммунистической партии.

105 Из-за осложнившегося положения дел в Персидском заливе вслед за строительной фирмой «Хёндэ», которая решила вывести из Ирака своё представительство, другие строительные предприятия, одно за другим, возможно, решат вопрос о выводе своих предприятий.

---

39) = пресс-секретарь
40) Владивосток, один из самых больших портовых городов России, был закрытым городом в течение 60 лет,

02 '국제뉴스' 관련 작문

106 Первая северокорейско-американская межправительственная встреча по вопросу об установлении дипотношений и экономического сотрудничества завершилась. Как и следовало ожидать, она выявила значительные[41] различия в позициях сторон.

107 Сообщили, что президент России В.В. Путин и премьер-министр М.М. Касьянов полностью договорились о новом реформаторском проекте и о том, что этот проект представит сам М.М.Касьянов.

108 По сообщению Министерства иностранных дел и внешней торговли РК 5 числа этого месяца министр Чхве Сон Хон обменялся поздравительными посланиями со своим коллегой из Марокко Мохаммедом Бенаиссой по случаю 40-летия со дня установления двусторонних дипломатических отношений.

109 18 июля Голубой Дом опубликовал сообщение о том, что президент РФ В.В.Путин направил президенту Ким Дэ Чжуну письмо, в котором официально пригласил экономическую делегацию Республики Корея посетить Россию.

110 Главы двух стран обсудили широкий спектр вопросов двусторонних отношений, в том числе укрепления двусторонних партнёрских связей в области информационных технологий.

111 Уже четвёртый день продолжается забастовка, в которой принимают участие около 400 тысяч государственных служащих Никарагуа. Участники забастовки[42] требуют гарантий занятости и повышения зарплаты на 200 процентов.

---

41) = существенные
42) = В Никарагуа четыре дня продолжается забастовка, в которой приняли участие около четырёхсот тысяч государственных служащих. Бастующие...

03 '남북관계' 관련 작문

01 Эти просьбы вежливо отклонялись.

02 В настоящее время население Северной Кореи находится под угрозой голодной смерти и нехватки питьевой воды.

03 Эта трещина была обнаружена <u>благодаря изучению</u>[43] фотографий, снятых со спутника.

04 КНДР и РФ были едины во мнении о необходимости укрепления двусторонних отношений в различных областях.

05 Стороны подробно обсудят широкий <u>круг</u>[44] проблем.

06 Пхеньян не принёс официальные извинения Сеулу за трагический инцидент в горах Кымгансан, приведший к гибели южнокорейской туристки.

07 Пхеньян воздерживается от клеветничества против Сеула.

08 5 северокорейских перебежчиков были арестованы китайскими службами безопасности.

09 Пхеньян объявит район Алмазных гор специальной туристической зоной.

10 Отказ Пхеньяна может весьма <u>негативно</u>[45] сказаться на отношениях между КНДР и США.

11 После <u>провала попытки</u>[46] двух других перебежчиков проникнуть в здание японского консульства на данный момент пока неясно, <u>как</u>[47] решится их судьба.

12 Пхеньян пообещал предоставить информацию о программах обогащения урана, которые, как считает Вашингтон, могут быть использованы в военных целях.

13 Согласно межкорейской декларации от 15 июня 2000 года ответный визит председателя Госкомитета обороны Ким Чен Ира в Сеул должен состояться в удобное для него время.

14 КНДР приступила к работе по соединению Транскорейской железной дороги (ТКЖД) с Транссибирской магистралью (Транссибом).

15 Северная Корея пока не обратилась к Южной Корее с официальной просьбой в этой связи.

16 Северная Корея сегодня выступила с резким опровержением подозрений в небезопасности дамбы и электростанции в Алмазных горах.

---

43) = в результате изучения
44) = спектр
45) = отрицательно
46) = неудачной попытки
47) = каким образом

03 '남북관계' 관련 작문

17 Вначале планировалось, что специальный посол США на переговорах с Северной Кореей Джек Причард посетит Пхеньян в конце мая - начале июня.

18 Все актуальные вопросы, в том числе северокорейские ядерная и ракетная проблемы, должны быть урегулированы путём диалога[48].

19 Реализация данного проекта принесёт странам Азии и Европы большую экономическую выгоду.

20 Вашингтон не хочет, чтобы только что вышедшие из длительного застоя межкорейские отношения вновь зашли в тупик.

21 Необходимо избавить северокорейских соотечественников от хронического голода и последствий сильнейшей засухи.

22 Правительство РК после долгих раздумий приняло решение проголосовать «за» в ходе голосования за принятие ООН резолюции по правам человека в КНДР.

23 Правительство установило видеосвязь по Интернету для того, чтобы члены разделённых семей двух Корей могли встретиться друг с другом хотя бы в виртуальном пространстве.

24 Это событие станет поворотным пунктом в оживлении межкорейских обменов на гражданском уровне.

25 Примечательно, что на этот раз самолёт прилетел прямо в Пхеньян без остановки в аэропорту Китая.

26 Правительство позволило оппозиционным организациям участвовать в общенациональной конференции, которую Северная Корея откроет в Пханмунджоме, и провести «Большое шествие в поддержку ускорения национального объединения» по маршруту от горы Пэкдусан до горы Халласан.[49]

27 Вывод американских войск с территории Южной Кореи является неотложным вопросом, который неотделим от проблем обеспечения мира и безопасности в Северо-Восточной Азии.

28 Газета осуждает эту оценку как абсурдную, отражающую общую враждебную позицию Вашингтона по отношению к Пхеньяну.

29 Такое решение было принято с целью оживления этой туристической программы, играющей немаловажную роль в деле межкорейских отношений.

---

48) = обсуждения 또는 переговоров
49) = Правительство разрешило оппозиционным организациям участвовать в межнациональном фестивале, который Северная Корея откроет в Пханмунджоме, и в массовом марше содействия объединению родины по маршруту от горы Пэкдусан до горы Халласан.

30 Северная Корея внезапно отказалась от участия в переговорах, проведение которых намечалось в Сеуле на 8 мая.

31 Правительство США стоит на той точке зрения, что не стóит проводить переговоры с КНДР только ради самих переговоров.

32 С 30 сентября иностранцам, включая южнокорейских граждан, будет разрешен безвизовый въезд в этот спецрайон СК.

33 Ян Бинь, назначенный руководством КНДР главой нового специального административного района КНДР, провёл пресс-конференцию для ознакомления зарубежных журналистов со своими планами управления будущей специальной экономической зоной КНДР.

34 Север и Юг Кореи согласились укреплять[50] взаимное доверие, добиваясь сбалансированного развития национальной экономики и активизируя сотрудничество и контакты в разнообразных областях, таких как: общественная жизнь, культура, спорт, здравоохранение и защита окружающей среды.

35 Северная Корея создала буферную зону в северной части Жёлтого моря на границе с Южной Кореей, а целью создания этой зоны, по всей видимости, является предотвращение возможных столкновений между военными кораблями Северной и Южной Корей.

36 Грузовое судно «Супер Сон» с удобрениями на борту уже завтра прибудет в северокорейский порт Нампо под флагом южнокорейского общества Красного Креста.

37 Я приложу все усилия для урегулирования актуальных[51] проблем, связанных, в частности, с программами разработок оружия массового уничтожения и проведением инспекций на ядерных объектах КНДР.

38 С 1 мая по линии Имджингак-Торасан начнёт регулярно курсировать специальный туристический поезд для тех, кто желает совершить обзорную экскурсию, в которую помимо посещения этой станции включено посещение тоннеля, прорытого северокорейскими агентами под ДМЗ, и смотровой башни, с которой видна часть территории КНДР[52].

---

50) 문맥에 따라 다르겠지만, 일반적으로 развивать(발전시키다), расширять(넓히다), углублять(증진시키다), укреплять(강화하다)와 같은 동사들은 동사의 자체의 뜻에 '지속성(процессуальность)'을 갖고 있기 때문에 과거나 미래시제에도 완료상보다 불완료상이 더 많이 쓰입니다.
51) = насущных 또는 злободневных
52) = открывается панорама части территории СК

03 '남북관계' 관련 작문

39 Северная Корея выразила сожаление в связи с инцидентом в Жёлтом море.

40 Северокорейская делегация собирается принять участие в торжествах по случаю очередной годовщины освобождения Кореи от японских захватчиков.

41 Газета «Тонъа ильбо» передала, что к концу этого месяца общество Красного Креста возобновит переговоры между КНДР и Республикой Корея.

42 В результате официальных переговоров между Северной и Южной Кореями книги из Северной Кореи были изданы у нас в стране.

43 Сегодня в 10 часов утра на Северную Корею через Пханмунджом были репатриированы 63 бывших северокорейских агента, заключённых, которые за годы пребывания в тюрьме не изменили своих коммунистических убеждений.

44 Сегодня в первой половине дня в Пхеньяне в Народном дворце культуры начался второй раунд переговоров представителей Южной и Северной Корей на уровне министров.

45 Министр по делам объединения сообщил, что подготовит и предложит КНДР план Соглашения о взаимном ненападении.

46 К 2005 году в районе гор Кымгансан будет построен аэропорт, который (будет) способен пропускать 300 тысяч пассажиров в год.

47 По итогам второго раунда переговоров на уровне министров, продолжавшихся в течение 4 дней с 29-го числа прошлого месяца в Пхеньяне, Юг и Север Кореи вчера опубликовали совместное заявление для прессы, состоящее из семи пунктов.

48 19 сентября, со ссылкой на влиятельное лицо из правительственных кругов, было сообщено о проведении товарищеского футбольного матча между Южной Кореей и Северной Кореей в Пхеньяне, и сразу же Министерство культуры и туризма официально подтвердило этот факт.

49 Посол РФ в Республике Корея Афанасьев заявил, что «Северная Корея не собирается развязывать войну в одностороннем порядке, а также что северокорейские влиятельные военные круги не желают войны».

50 «Предлагаем, в первую очередь, провести рабочую встречу, на которой будут представлены по 3 человека от каждой стороны, и подготовить эту встречу к 10 часам утра 27-го числа этого месяца в Доме объединения или в Доме мира <u>на усмотрение Северной</u>

Кореи».⁵³⁾

51 Демократическая партия нового тысячелетия приняла решение о создании фонда для сотрудничества между Севером и Югом Кореи: южнокорейцы будут ежегодно вносить по 10 тысяч вон для осуществления межкорейских проектов сотрудничества.

52 19 сентября корейская группа спортсменов соберётся по поводу такого предложения Северной Кореи, обсудит наши возможные действия и, по всей вероятности, примет это предложение.

53 Мы готовы устранить военную угрозу на Корейском полуострове, прекратить конфронтацию между Южной и Северной Кореями и возобновить переговоры по контролю над вооружением для того, чтобы <u>открыть период национального сотрудничества</u>⁵⁴⁾.

54 Визит в Сеул 90 влиятельных лиц Северной Кореи, хотя бы и на короткий срок, несомненно, станет удобным случаем для знакомства с условиями развития Южной Кореи.

55 Общество Красного Креста РК приняло решение предложить северокорейской стороне провести до или после осеннего национального праздника «Чхусок» пятый раунд встреч членов разделённых семей Юга и Севера.

56 Позиции обеих сторон на этой встрече на высоком уровне между Югом и Севером Кореи более активны, чем раньше, журналисты обеих сторон также относятся друг к другу с бо́льшим доверием.

57 На предстоящих переговорах на уровне министров обороны Севера и Юга Кореи будут обсуждены вопросы о смягчении напряжённости и укреплении доверия в военной области, в частности, о подключении <u>прямой</u>⁵⁵⁾ телефонной линии между представителями вооружённых сил, о восстановлении автомагистрали и железной дороги(которые свяжут Юг и Север Корейского полуострова), о совместном проекте по предотвращению наводнений в зоне реки Имджинган.

58 Во вторник США отменили поездку своей делегации в СК, которая планировалась на 10-12 июля.

59 В четверг в штаб-квартире ООН прошла встреча президента Южной Кореи Ким Дэ Чжуна и председателя КНР Цзян Цзэминя. В ходе беседы лидеры двух стран обменялись

---

53) = в одном из этих мест, которое предпочтёт Северная Корея
54) = открыть путь к национальному сотрудничеству
55) прямо́й처럼 강세가 위치하지 않는 모음 я는 [и]로 발음됩니다.

03 '남북관계' 관련 작문

60 В ответ на это председатель КНР Цзян Цзэминь выразил надежду на то, что данный случай не помешает дальнейшему развитию диалога между США и КНДР и отношений между Севером и Югом Кореи.

61 По данным южнокорейского Министерства по делам национального объединения, среди северокорейских перебежчиков <u>выросла и доля женщин</u>[56].

62 17 июля северокорейская сторона в одностороннем порядке сообщила нашей стороне, что из-за положения в парламенте Республики Корея она откладывает проведение 11-й встречи по подготовке межпарламентских переговоров Юга и Севера, которая должна была состояться в Пханмунджоме 19 июля.

63 Пресс-секретарь Северной Кореи заявил, что «теперь Пханмунджом должен стать символом перехода от раскола и конфронтации к воссоединению», и добавил: «Мы поедем в Сеул с желанием как можно скорее осуществить воссоединение ».

64 Было сообщено, что на переговорах обе стороны всерьёз обсудили вопросы подключения прямой телефонной линии между представителями их вооружённых сил, о восстановлении автомагистрали и железной дороги, которые свяжут Юг и Север Корейского полуострова, о продолжении дополнительных встреч членов разделённых семей и о заключении соглашений о гарантиях безопасности инвестиций.

65 По сообщению южнокорейского министра иностранных дел и внешней торговли, в ходе 55-й сессии Генеральной Ассамблеи и саммита тысячелетия ООН будут приняты резолюции Генеральной Ассамблеи ООН в поддержку улучшения отношений между Севером и Югом Кореи, а также в поддержку принятой совместной декларации от имени Председателя ГА ООН.

66 На южнокорейско-американских переговорах на высшем уровне президент РК Ким Дэ Чжун и президент США Билл Клинтон высказались за необходимость продолжения «солнечной политики» в отношении Северной Кореи и дальнейшего развития союзнических связей между двумя странами.

67 Вчера вечером в Нью-Йорке во время встречи на высшем уровне президент РК Ким Дэ Чжун ознакомил президента США Билла Клинтона с развитием событий на Корейском

---

56) = стало больше женщин

полуострове после июньского межкорейского саммита, а президент США Билл Клинтон, в свою очередь, заявил, что США и впредь будут полностью поддерживать политику президента Ким Дэ Чжуна в отношении Северной Кореи.

68 Находящийся с визитом в Нью-Йорке президент Республики Корея Ким Дэ Чжун устроил вчера вечером банкет в честь американских учёных-специалистов по корейскому вопросу.

69 Президент РК Ким Дэ Чжун обменялся с участниками банкета мнениями по вопросам, касающимся результатов и значимости межкорейской встречи на высшем уровне, второго раунда переговоров на уровне министров и воссоединения членов разделённых семей после проведения июньского межкорейского саммита, а также путей укрепления дальнейшего сотрудничества между РК и США.

70 В интервью газете «Чунан ильбо» президент РК Ким Дэ Чжун заявил, что на предстоящих весной переговорах с председателем государственного Комитета обороны Северной Кореи Ким Чен Иром будут рассмотрены вопросы формирования системы безопасности на Корейском полуострове.

04 '사회·문화' 관련 작문

01 Затем будут исполнены национальные гимны РК и РФ.

02 Он получает зарплату в размере более 100 тысяч долларов в год.

03 Один человек был убит, четырнадцать получили ранения.

04 Многого от этого визита ждать не следует.

05 Министр обороны добился утверждения президентом окончательного решения.

06 Информацию об этом можно найти[57] на Интернет-сайте сеульского фестиваля.

07 Начиная с 2000 года, участились случаи похищения туристов.

08 Он предпримет всё от него зависящее, чтобы урегулировать конфликт.

09 Их отцы находились в конфликтных[58] отношениях.

10 Проведён допрос очевидцев происшествия.

11 Он попросил[59] политического убежища в США.

12 Принц приходится двоюродным братом нынешнему императору Акихито.

13 С тем чтобы выжить в эру глобализации с её волчьими принципами жесточайшей конкуренции, необходимо прилагать к этому все усилия.

14 Нарушившему запрет на стоянку в исторической части города грозит 15 суток тюрьмы или штраф в размере 100(ста) тысяч вон.

15 Есть мнение, что человечество было создано инопланетянами с помощью клонирования.

16 Были рассмотрены заявки 41 вуза на право открытия в рамках университета юридической школы и из них были отобраны 25.

17 Эта ультрасовременная система позволяет осуществлять мультимедийную многоканальную связь между двумя странами.

18 РК и РФ провели переговоры о послепродажном обслуживании российской военной техники, приобретённой Кореей.

---

57) = уточнить
58) = трудных
59) 동사 попросить는 목적보어를 지배함에 있어 сигареты, соль, сахар등과 같은 구체적인 명사는 목적격으로, помощи, любви, поддержки와 같은 추상명사는 소유격을 취한다.

19 Эти деньги предполагается направить на очистку пляжей и прибрежной зоны от мусора, который туристы часто оставляют.

20 Сегодня в Москве состоится первый из двух запланированных концертов знаменитого рок-музыканта Эрика Клэптона.

21 Они были осуждены на длительные сроки заключения за организацию несанкционированной властями забастовки.

22 Время от времени[60] накрапывает дождь.

23 На сцене появились люди, одетые в национальные корейские костюмы.

24 Республика Корея полностью готова к проведению переговоров.

25 Добираться до Алмазных гор можно на борту круизных теплоходов.

26 Универсиада вселила в 6 миллиардов людей всей земли надежду на мир.

27 Был обсуждён вопрос о дополнительных мерах по открытию южнокорейского рынка для японской культуры.

28 Оказалось, что ситуация с жестоким обращением с детьми и в передовых странах дошла до критического положения.

29 Обе страны договорились о передаче друг другу преступников, приговорённых к смертной казни, пожизненному заключению или тюремному заключению сроком больше, чем на год.

30 Освобождение лидеров рабочего движения здесь рассматривают[61] как своеобразный жест примирения со стороны правительства.

31 Япония прилагает усилия к тому, чтобы РК открыла свои двери для японской поп-культуры.

32 Президент РК Ким Дэ Чжун осмотрел международный аэропорт «Янъян», расположенный в провинции Канвондо в 215 километрах к востоку от Сеула.

33 После церемонии вручения этой награды профессор Ли выступил перед студентами университета с лекцией на тему «Один мир, одна мечта».

34 Существует прогноз[62], по которому работники[63] фирм и компаний,

---

60) = Временами
61) = расценивают
62) = перспектива
63) = служащие

04 '사회·문화' 관련 작문

находящиеся в отпуске по уходу за детьми, начнут получать пособие в размере 40(сорока) процентов(%) от своей месячной зарплаты.

35 В Японии в понедельник должен появиться на свет третий клонированный ребёнок, сообщает «BBC News».

36 Министр культуры и туризма РК 24 апреля призвал граждан страны воздерживаться от поездок в Афганистан.

37 Причиной гибели шаттла «Колумбия» могли стать столкновение на околоземной орбите с куском космического мусора или удар метеорита.

38 Основная часть выводов медицинских экспертов будет, по-видимому, строиться на анализах дезоксирибонуклеиновой кислоты (ДНК), сообщает «Associated Press».

39 Министерство труда и социального развития РФ с тревогой констатирует резкое падение уровня квалификации рабочей силы в России, а также производительности труда.

40 Конфедерация профсоюзов решительно выступила[64] против высылки[65] из страны после окончания сроков действия виз и призвала правительство дать им возможность легально оформиться на работу в РК.

41 Праздник всех влюбленных, или День святого Валентина, пришедший к нам с Запада, не приобрел широкой популярности среди россиян.

42 Основное отличие аниме от западных аналогов в том, что японские аниматоры создают свои творения не как дтские мультфильмы, а как серьезное взрослое кино.

43 Международный аэропорт «Кимхэ», расположенной возле Пусана, будет использоваться как резервный в случае плохой погоды в районе Янъяна.

44 Южнокорейский кинорежиссёр Лим Квон Тэк был удостоен приза за лучшую режиссёру. Он почувствовал себя так, будто у него с плеч свалилась гора и он оказался на 7-ом небе[66].

45 Российское кино выходит на уровень 120-140 картин в год.

46 Особо важным моментом стала разработка сценария костюмированного шествия и праздничного концерта.

---

64) = выразила решительный протест
65) = депортации
66) = душой взлетел в небеса

47 Церемония открытия прошла при участии нескольких сотен деятелей кинематографии из РК и из-за рубежа.

48 «Каннские львы» - это самое известное и значимое событие в мировой жизни рекламы.

49 Подготовка к празднованию 300-летия Санкт-Петербурга велась на протяжении нескольких лет на трёх уровнях - федеральном, городском и районном.

50 16-18 октября состоятся выступления японских музыкальных коллективов в рамках Фестиваля японской культуры, включенного в программу празднования 300-летия Санкт-Петербурга.

51 По данным белой книги страхования найма 2003 года оказалось, что лишь 4 человека на тысячу работающих оставляют работу в предельном возрасте.

52 В 80-х годах картина получила приз на кинофестивале в Венеции, но до этого времени 11 лет пролежала на полке.

53 Правительство России выступило против введения квот на показ иностранного кино.

54 В случае принятия ограничений проката американских фильмов национальному кинематографу будет нанесен серьезный ущерб .

55 Регулярно проводимый в Кёнджу фестиваль играет важную роль в предпринимаемых администрацией усилиях по превращению РК в страну высокой культуры.

56 В экспозиции этого музея будут представлены 2800 экспонатов, включая 1300 окаменелостей палеозойской, мезозойской и кайнозойской эр.

57 В форуме примут участие около ста представителей литературных кругов страны и из-за рубежа.

58 Вышла новая испанская версия «Войны и мира» без ошибок и искажений.

59 Киноверсия знаменитого бродвейского мюзикла «Чикаго» выходит на российский экран.

60 Президент РФ Владимир Путин заявил о необходимости защиты интеллектуальной собственности на кино- и видеопродукцию.

61 Знаменитая статуя Микеланджело «Рогатый Моисей» после длительной реставрации во вторник вновь была открыта для обозрения.

62 Многие историки искусства объясняют появление рогов у Моисея

04 '사회·문화' 관련 작문

неправильным толкованием Библии.

63 В Книге Исхода говорится, что, когда Моисей спустился с горы Синай со скрижалями, его лицо «сияло».

64 В четверг в Москве открылся первый в России фестиваль японской анимации.

65 В течение всего одного дня перед аукционом публике будет представлена акварель Винсента Ван Гога «Мост Ланглуа в Арле», которая до этого 80 лет находилась в частной коллекции в Германии.

05 '스포츠' 관련 작문

01 Ответный гол был забит красивым ударом головы.

02 Публике был продемонстрирован кубок Международной федерации футбольных ассоциаций(ФИФА).

03 Чемпионат мира по футболу внесёт свой вклад в дело примирения человечества.

04 Улицы Пусана в мгновение заполнились людьми.

05 Корейская команда[67] в сегодняшнем матче впервые в истории своего участия в Кубках мира по футболу одержала победу[68].

06 Мы отложили их решение до окончания Кубка мира по футболу.

07 Аналогичная ситуация наблюдается и на стадионах Японии.

08 Южнокорейской команде не удастся одержать даже одну победу[69] на предстоящем чемпионате.

09 Крики радости[70] разносились по всей стране.

10 Президент южнокорейской футбольной ассоциации Чон Мон Чжун будет сопровождать президента ФИФА Йозефа Блаттера в его поездке в Пхеньян.

11 Дмитрий Саутин взял бронзу в прыжках в воду с 10(десяти)-метровой вышки.

12 На летних Олимпийских играх, которые пройдут в 2004 году в Афинах, Южная и Северная Кореи выступят единой командой.

13 Сегодня начался чемпионат по версии WTA в Лос-Анджелесе с призовым фондом в 3 миллиона долларов.

14 А ранее в субботу в записи транслировался и матч открытия Кубка мира.

15 Команда РК, стоящая на 40-м месте в опубликованном на днях рейтинг-листе ФИФА, вылетела на игру в Германию.

16 Корейцы упустили почти 100-процентную возможность одержать вторую подряд победу.

17 Сборная команда РК сможет впервые в истории страны пробиться во второй раунд финального турнира.

18 Южнокорейская команда до сих пор не одерживала ни одной победы в розыгрышах Кубка мира.

---

67) = Сборная Кореи
68) = добилась победы
69) = выиграть хотя бы один раз
70) = ликования

05 '스포츠' 관련 작문

19 Команда РК установила самый большой рекорд[71] за всю историю Олимпиад и в конечном итоге заняла седьмое место, завоевав 13 золотых, 10 серебряных и 8 бронзовых медалей на Олимпийских играх в Пекине.

20 Эффект от победы корейской сборной над польской командой в денежном пересчёте[72] может составить около 11 миллиардов долларов.

21 Международная федерация футбольных ассоциаций (ФИФА) выразила своё удовлетворение тем, что все матчи нынешнего Кубка мира по футболу и связанные с ним мероприятия проходят гладко.

22 Совместное проведение в РК и Японии Кубка мира по футболу даст толчок к сохранению мира и стабильности в Северо-Восточной Азии.

23 Кубок мира этого года несомненно запомнится как один из самых безопасных и успешных в истории.

24 9900 спортсменов из 44 стран будут бороться за 419 золотых медалей в 38 видах спорта.

25 В порт Тадэпо на борту теплохода «Мангёнбон» прибыла северокорейская группа поддержки спортсменов. На борту судна находится 150 членов художественных коллективов и 126 болельщиков.

26 Вице-мэр города произнёс приветственную речь, а также вручил северокорейским гостям букеты цветов.

27 На заседании исполнительного комитета будет обсуждаться ход подготовки к проведению нынешней Асиады, а также к Азиатским зимним играм в японском городе Аомори.

28 На заседании будут рассмотрены заявки на проведение Зимних азиатских игр 2007 года, поданные тремя городами-кандидатами. Ещё будет обсуждён вопрос о вступлении Восточного Тимора в ряды Азиатского олимпийского комитета(АОК).

29 Южнокорейская футбольная сборная команда, напряжённо готовящаяся к участию в Кубке мира под руководством голландского тренера Хиддинка, в субботу одержала победу ещё над одним участником будущего чемпионата мира, сборной Коста-Рики.

30 Золотыми наградами были награждены[73] мужская и женская команды по софт-теннису, женская

---

71) = добилась рекордно высоких достижений
72) = эквиваленте
73) = Золотых наград удостоились

команда по фехтованию на шпагах; затем Ким Су Кёнг, которая победила в личных соревнованиях по боулингу среди женщин, а также борец классического стиля Ким Ин Соп, который в финале в весовой категории до 66 килограммов победил[74] киргизского борца.

31 На этом Чемпионате мира по футболу команда Германии выиграла у команды Аргентины со счётом 1:0.

32 Сегодня Южнокорейская футбольная ассоциация наконец определила состав национальной команды, которая примет участие в Чемпионате мира по футболу.

33 В понедельник в Женеве открылся месячный фестиваль корейской культуры, проводимый в преддверии финальных отборочных игр на Кубок мира по футболу, которые состоятся в РК и Японии.

34 32-летний Чхве Кён Чжу стал первым в истории южнокорейского спорта гольфистом, победившим в турнире, проходившем в рамках состязаний Международной ассоциации профессионального гольфа.

35 К сожалению, стрелок-кореянка Канг Чо Ён в стрельбе из пневматической винтовки на дистанции 10 метров завоевала только серебряную медаль.

36 В финале в напряжённом поединке с итальянской командой лучников О Кё Мун, Чанг Ён Хо и Ким Чон Тхэ со счётом 255:247 сумели одержать победу и принести своей команде четвёртую золотую медаль.

37 Сегодня на огромном стадионе в Олимпийском парке Сиднея состоялось торжественное открытие 27-х летних Олимпийских игр - спортивного праздника мира и сотрудничества 6 миллиардов людей, населяющих нашу планету.

38 Газета «Интернэшнл Геральд Трибьюн» сегодня назвала бразильского футболиста Рональдо настоящим победителем Кубка мира по футболу 2002 года.

39 Газета «Нью-Йорк Таймс» приветствовала сегодня решение Южной и Северной Корей об одновременном выходе их сборных под одним флагом на параде в честь открытия сиднейских Олимпийских игр.

40 Сегодня утром 37-летний малазиец стал миллионным посетителем сеульского стадиона Кубка мира и Парка мира, расположенного возле стадиона. Он стал счастливым обладателем билета на матч Кубка мира по футболу, билета на самолёт в оба конца и мяча «Февернова»,

---

74) = одолел

05 '스포츠' 관련 작문

являющегося официальным мячом Кубка мира по футболу 2002 года.

41 Сегодня лёгкая атлетика является одним из самых популярных видов спорта в программе Олимпийских Игр.

42 Участие женщин в соревнованиях по прыжкам с шестом и метанию молота получило своё начало на Играх 2000 года в Сиднее.

43 Семиборье для женщин и десятиборье для мужчин – это виды лёгкой атлетики, в которых спортсмены соревнуются в ряде упражнений, проводимых на беговой дорожке и на спортивном поле в течение 2 дней, а атлеты, набравшие наибольшее количество очков, побеждают.

44 Москва готова бороться за предоставление права проведения Олимпиады 2012 года.

45 Первое золото в дзюдо завоевала команда СК.

46 Россиянки выиграли бронзу, легко переиграв команду Тайваня со счётом 95:70.

47 Сборная команда РК ставит перед собой цель завоевать 16 золотых медалей, главным образом, в таких видах соревнований как стрельба из лука, тэквондо, дзюдо и теннис, и выйти на второе место в командном зачёте.

48 У команды хозяев-южнокорейцев 26 золотых, 11 серебряных и 15 бронзовых медалей.

49 Бегунья Наталья Сидоренко сегодня завоевала «золото» в финальном забеге на 1500 метров.

50 Сначала Александр Корчмил выиграл состязания по прыжкам с шестом, затем Валерий Васильев победил в прыжках в длину.

51 Команда Китая, которая продолжает находиться на первом месте в командном зачёте, сегодня довольствовалась лишь пятью золотыми медалями.

52 На легкоатлетической арене в тройном прыжке прекрасно выступили Оксана Рогова и Виктория Гурова.

53 Украинская гимнастка Ирина Яроцка одержала победу в индивидуальном многоборье.

54 В этой игре нападающий команды РК Ким До Хун сделал «хет-трик», забив три гола в течении 20 минут первого тайма.

55 Эта победа даёт право команде РК, которая по рейтингу ФИФА считается лучшей из азиатских команд, принять участие в финальных играх на Кубок Азии.

56 В последние дни это являлось мишенью жесткой критики со стороны спортивных болельщиков и СМИ РК.

57 Положительные анализы на допинг были получены Саади из-за того, что он принял запрещённые препараты во время лечения больной спины.

58 Евгений Плющенко блестяще выполнил произвольную программу, включающую эксклюзивную комбинацию из прыжков в четыре, три и два оборота, и получил от судейского жюри оценки в 5,8-5,9 балла.

59 Полуфинальный заплыв на 100-метровке баттерфляем 18-летний спортсмен из Балтимора одолел за 51,47 секунды.

60 Российский дуэт получил самые высокие оценки: за технику - все 9,9, а за артистизм - все десятки.

06 '의학' 관련 작문

01 Долли умерла вследствие ускоренного процесса старения.

02 Спорным остается вопрос о допустимости получения клонированных эмбрионов для медицинских и научных целей.

03 Полный запрет клонирования затормозит научный прогресс в сфере исследования стволовых клеток.

04 Опыты[75] по клонированию проводятся исключительно при поддержке частных инвесторов.

05 На Генеральной ассамблее будут обсуждаться проекты резолюций о запрете клонирования человека.

06 В ходе клонирования ученые вживляют ядро клетки взрослого человека в яйцеклетку.

07 Оба проекта резолюции предусматривают полное разрешение клонирования животных.

08 С одной стороны, клонирование противоречит нормам этики и морали и является грубым нарушением прав человека, но с другой стороны, это невероятное научное достижение может помочь победить такие неизлечимые болезни, как рак и СПИД.

09 Японские исследователи, клонировавшие некоторое время назад мышей, объявили, что практически все они умерли.

10 Используя сверхтонкую иголку, учёные из зрелой яйцеклетки полностью удаляют ядро.

11 В России ведутся работы по получению трансгенных сортов картофеля, устойчивых к вирусным заболеваниям.

12 Мы говорим о создании человеческого эмбриона и клетки, а не о создании человеческой жизни.

13 Эмбрион, из которого получали стволовые клетки, в дальнейшем не имеет возможности развиться в полноценное человеческое существо.

14 Ни на одном из отобранных продуктов не было указано содержание белков генетически модифицированных организмов.

15 Сейчас на российском рынке наблюдается настоящая экспансия генетически модифицированных продуктов.

16 Долгосрочные исследования на безопасность подобных продуктов не проводились, никто не может определенно подтверждать какое-

---

75) = 단수로 쓰인 опыт는 '경험'이란 뜻이고 복수로 쓰인 опыты는 '실험'에 의미로 쓰인다는 점에 유의하기 바랍니다.

либо вредное или безвредное воздействие на человека генетически модифицированных продуктов.

17 В последние годы в области производства пищевых продуктов методы генной инженерии находят активное применение.

18 Госдума в пятницу ввела временный пятилетний запрет на клонирование человека.

19 Практически невозможно проследить за тем, чтобы клонированные эмбрионы использовались только в медицинских целях, а не для воспроизведения людей.

20 Долли оказались присущи различные болезни(например, полиартрит), которые не свойственны овцам.

21 На протяжении всей истории общественное мнение было против новых медицинских исследований, например, против первых опытов, касающихся искусственного оплодотворения.

22 Американский президент заверил нацию, что не даст исследованиям выйти из-под контроля властей.

07 '전자상거래' 관련 작문

01 При оформлении заявки через сайт банка предоставляется скидка размером 5%.

02 Электронная коммерция опередила такие ведущие отрасли промышленности, как телекоммуникации и авиационная промышленность.

03 На сегодняшний день Россия значительно отстает от Америки и Европы в области ведения электронного бизнеса.

04 Потребители получают возможность выбрать наиболее подходящего для них поставщика вне зависимости от его географического положения.

05 Доход, полученный Интернет-компаниями РФ, составляет всего 5% от общего объема дохода Интернет-компаний в мире.

06 Топ-менеджеры в Европе видят огромный потенциал в развитии он-лайнового бизнеса, который дает реальные конкурентные преимущества.

07 Процесс развития и распространения электронной коммерции имеет тенденцию ускорения как по географическому охвату, так и по отраслям и сферам деятельности.

08 В США развитие электронной коммерции началось с создания порталов.

09 Европейский рынок электронной коммерции развивается одновременно во всех отраслях экономики.

10 Европейцы используют возможность анализировать американский рынок электронной коммерции в реальном времени.

11 Е-коммерция - это использование компьютеров, работающих в Интернете, для того, чтобы создать новые бизнес-отношения с партнерами и клиентами.

12 Некоторые компьютеры «Sony» будут снабжены программным обеспечением, дающим пользователям быстрый доступ к контенту и услугам обеих компаний.

13 Были представлены данные, указывающие на то, что годовой оборот российской Интернет-экономики оценивается в настоящий момент в 250 миллионов долларов, при этом доля электронной торговли составляет[76] 33 миллиона долларов.

14 Министерство связи РФ намерено направить в правительство РФ законопроект об электронной цифровой

---

[76] = на долю электронной торговли приходится

подписи, а также законопроект об электронном документе.

15 Возможно, с подъёмом экономики сетевая операционная деятельность активизируется.

16 Поскольку компании в настоящее время обращают пристальное внимание на проблемы интеграции своих программных систем, можно ожидать и активизации процессов онлайновых закупок.

17 Мобильная коммерция со временем позволит людям с помощью беспроводных телефонов покупать товары и расплачиваться за все возможные услуги.

18 Через инфракрасный порт телефон передаёт в банкомат подготовленную информацию о платёже.

08 '환경' 관련 작문

01 За период с 1990 года Россия сократила вредные выбросы в атмосферу на 32 процента.

02 Растения превращают углекислый газ в кислород.

03 Каждая страна, принявшая Киотский протокол, обязуется выбрасывать в атмосферу строго определенное количество газов.

04 Российские специалисты попросили поднять[77] вопрос о проведении конференции на саммите «большой восьмёрки».

05 США вышли из протокола в 2002 году, сославшись на его экономическую нецелесообразность для США.

06 Предполагается, что торговля квотами на выбросы углекислого газа создаст новый мировой рынок.

07 За двенадцать дней переговоров участники конференции должны были договориться об условиях ратификации Киотского протокола «О мерах по борьбе с глобальным потеплением климата Земли».

08 Пока Киотский протокол ратифицировали только 22 страны, которые в сумме дают менее 5% общемирового загрязнения атмосферы.

09 Каждая страна старается выбить для себя максимально выгодные условия, а заплатить за это как можно меньше.

10 Россия выбрасывает в атмосферу 17% от общих мировых вредных выбросов и выступает в роли арбитра Киотского протокола.

11 Российские компании наконец-то начали обращать внимание на экологические проблемы.

12 Крупные компании рассматривают экологическую политику как фактор социальной ответственности, а также способ улучшения имиджа компании на международной арене.

13 Не секрет, что конкурентоспособность российских компаний на западных рынках определяется высоким экологическим сознанием среднего класса обществ Западной Европы и Северной Америки.

14 В условиях усиления экспортной ориентации российской экономики экологическая составляющая будет играть все возрастающую роль в качестве инструмента проникновения отечественных компаний на рынки развитых стран.

15 Более чем в 50 субъектах РФ острой проблемой остается переработка

---

77) = выдвинуть

промышленных и твердых отходов, что представляет реальную угрозу жизни людей.

16 Существует более реальный способ борьбы с загазованностью и дефицитом кислорода — увеличение числа зеленых насаждений.

17 Большинство учёных считают, что климатические изменения происходят из-за усиления парникового эффекта в результате накопления в атмосфере парниковых газов, прежде всего углекислого газа и метана.

18 Главное в протоколе — количественные обязательства развитых стран и стран с переходной экономикой, включая Россию, по ограничению и снижению выбросов парниковых газов в атмосферу в 2008-2012 годах.

19 Часто выгоднее купить квоту на эмиссию углекислого газа у третьей стороны, чем внедрять энергосберегающие технологии.

20 <u>Цель конвенции — объединение</u>[78] усилий мирового сообщества по предотвращению изменения климата и стабилизация концентрации парниковых газов в атмосфере.

---

78) = Цель конвенции заключается в объединении...

09 '기타주제' 관련 작문

01 «Тот, кто <u>видел это своими глазами</u>[79], будет счастливым».

02 Кардинал Ким Су Хван считается уважаемым человеком нашего времени.

03 Ваши действия не имеют ничего общего с вашим убеждением.

04 Никто не знает, где пролегает чёткая госграница между Северной Кореей и КНР.

05 К какому слову относится слово 'который' в этом предложении?

06 В последнее время универмаги превратились в выставки для любителей <u>больших расходов</u>[80].

07 Достаточно <u>взглянуть</u>[81] на него, чтобы понять, что он человек добрый.

08 <u>Тот, кто выплёвывает жвачку на улице, должен заплатить штраф в размере тридцати тысяч вон.</u>[82]

09 По мере того, как потребности в России растут, производство <u>продуктов</u>[83] увеличивается.

10 Наша строительная компания сделает площадку вокруг дома <u>комфортабельным</u>[84] пространством, в котором человек и природа могут сосуществовать.

11 Философия – это одна из наук, которая серьёзно занимается всеми вопросами природы и человека.

12 В новое время по сравнению с другими культурами европейская культура оказала гораздо большее влияние на мировую историю.

13 Несмотря на сдерживание роста перерасходов, по мере либерализации импорта продажа зарубежных дорогих машин внутри страны расширяется.

14 С 3 мая по 25 июня в парке аттракционов «Сондо» в портовом городе Инчхон состоится демонстрация макета станции «Мир» и аэрокосмической техники России.

---

79) '신체부위' 를 나타내는 조격 형태의 단어와 동사가 결합된 유용한 표현들은 다음과 같습니다(грозить/ погрозить пальцем кому-нибудь (угроза)(손가락으로 누구를 위협하다); двигать/ подвигать руками, ногами (팔(발)로 움직이다); махать/ махнуть рукой (손을 흔들다); качать/ покачать головой (고개를 저어 상대방에 자기의사를 표시하다); кивать/ кивнуть головой (кивок)(머리를 끄덕이다); молоть/ помолоть языком (혀를 함부로 놀리다 [함부로 지껄여대다]); моргать/ моргнуть глазом (눈을 깜박거리다); пожимать/ пожать плечами (어깨를 으쓱하다); показывать/ показать пальцем на кого-нибудь (손가락으로 누구를 가리키다); скрежетать зубами (이를 갈다); стучать зубами (от холода)((추위로 인해) 이빨을 떨다); стучать/ стукнуть кулаком (стук) (주먹으로 두드리다); топать/ топнуть ногой (발을 구르다); шевелить/ пошевелить губами(입술을 씰룩거리다); шевелить/ пошевелить мозгами (머리를 쓰다); чмокать/ чмокнуть губами (입맛을 다지다))

80) = толстых кошельков

81) = бросить взгляд на кого-что (взглянуть동사는 '슬쩍(мелко) 만 보아도' 의 의미를 갖고 있습니다.)

82) = Если бросить жвачку на улице, надо заплатить штраф 30000 вон.

83) Продукт는 식료품(еда, то, что предназначено для еды)과 연관이 있고, продукция는 생산과정(процесс)이라는 의미 외에도 생산품을 나타내기도 합니다 (~ этого предприятия (фабрики))등등

84) '쾌적한' 의 의미를 갖고 있는 다른 형용사 комфортный는 '편의 시설' 등이 갖춘 넓은 공간의 편리한 것을 의미하고, уютный 좁은 공간에서 '분위기' 가 아늑한 것을 의미합니다.

15 По итогам завершившейся в воскресенье в Женеве Олимпиады изобретателей южнокорейская делегация в составе 20 человек завоевала 11 золотых, 7 серебряных и 2 бронзовых медали.

16 Как сообщила сегодня авиакомпания «Кореан эйр», в дни проведения в РК и Японии Кубка мира по футболу между сеульским аэропортом «Кимпо» и токийским аэропортом «Ханэда» будут введены дополнительные чартерные авиарейсы.

17 Эта книга посвящена постмодернизму с момента его возникновения до изменений, произошедших в области культуры в центре США во второй половине XX века.

18 На Востоке традиционно принято считать, что если случаются стихийные бедствия, то народ боится Бога и жалуется на государство. Но пострадавшие от наводнения в настоящее время имеют силы, чтобы не отчаиваться и преодолеть эти трудности.

19 Как сообщила американская радиостанция «Свободная Азия», известный британский киноактёр Роджер Мур, прославившийся своим исполнением роли агента 007 Джеймса Бонда, заявил, что он хотел бы посетить СК.

20 Местные университеты, испытывающие нехватку профессоров и преподавателей-почасовиков, не могут удовлетворить стремление студентов заниматься наукой.

21 По мере того, как в обществе растёт профессионализм и интеграция возрастает потребность в новой информации, накоплении знаний и издании художественных книг, поэтому необходимо разнообразие книжной продукции.

22 По мере значительного увеличения спроса на автомобили парковка автомашин становится серьёзной проблемой. Существуют ли способы решения проблемы стоянок?

23 <u>В связи с тем, что случаи употребления иностранных слов на телевидении учащаются, Совещательный комитет по контролю за языком советует использовать по возможности корейскую лексику.</u>[85]

24 Почётный профессор университета Чунан Ким Ён Ок, по прóзвищу До Оль, проведёт рок-фестиваль в сотрудничестве с певцом Чон Ин Квоном, «крёстным отцом рока Кореи», 3 мая в два часа дня в Центре

---

85) = Даже телерадиокомпании всё больше злоупотребляют иностранными словами. Поэтому Комитет по контролю за языком рекомендует употребление исконной корейской лексики во всех случаях, где это возможно.

09 '기타주제' 관련 작문

искусств Сеульского филиала университета Чунанг.

25 Завтра в торжественном открытии выставки примут участие около 1800 (тысячи восьмисот) южнокорейских и зарубежных деятелей культуры и искусства, в том числе эстрадные коллективы, состоящие из 30 (тридцати) человек из 5 (пяти) стран (России, Кении и других стран мира).

26 Правительство РК известило общественный комитет по подготовке визита в Корею духовного лидера Тибета Далай-Ламы, что оно не сможет разрешить его визит в Сеул в ноябре этого года.

27 Сегодня во второй половине дня президент РК Ким Дэ Чжун принял в своей резиденции «Голубой дом» всемирно известного астрофизика Стивена Хокинса. Президент выразил надежду на то, что профессор Кэмбриджского университета Хокинс и впредь будет играть ведущую роль в деле расширения обмена и сотрудничества между учёными и инженерами РК и Великобритании в области фундаментальных наук.

28 Преодолев огромной волей физические недостатки, Стивен Хокинс, основавший новую теорию в космической физике, стал «гением науки среди современных физиков, хорошо знающим космические секреты».

29 Сегодня президент РК Ким Дэ Чжун принял в своей резиденции «Голубой дом» находящегося с визитом в Сеуле кардинала-префекта Конгрегации по вопросам вероучения Франьо Сепера.

30 Союз корейской молодёжи в США и Союз этнических корейцев, живущих в США, обратились к американскому правительству с призывом ускорить пересмотр южнокорейско-американского соглашения об условиях пребывания американских войск в Корее.

31 Сегодня в южнокорейский аэропорт «Кимпхо» прибыла группа этнических корейцев — членов просеверокорейской организации «Чочхонрён».

32 На проводившихся вчера внеочередных выборах депутатов Национального Собрания убедительную победу одержала оппозиционная партия «Ханнара» (Великая страна).

33 В пятницу президент РК Ким Дэ Чжун назначил 50-летнего Чан Дэ Хвана на пост исполняющего обязанности премьер-министра.

34 Бывший мэр Сеула Ли Мён Бак был избран официальным кандидатом от партии «Ханнара» для участия в декабрьских выборах президента страны.

35 Сегодня утром президент РК Ким Дэ Чжун принял прошение об оставке министра культуры и туризма ○ ○ ○, по слухам замешанного в финансовых нарушениях[86].

---

86) = злоупотреблениях

3

부록

01　주제별 작문의 보충용어 _158

02　활용빈도수가 높은 기본(지각, 운동)
　　동사와 부사의 어결합 _171

03　활용빈도수가 높은 명사와 형용사의
　　어결합 _177

주제별 작문의 보충용어

01 '경제' 관련 보충용어

• 채권 은행	• банки-кредито́ры (ср. креди́т)
• 올해 2사분기	• второйква́ртал этого года (ср. квартал)
• 수출 활성화	• активизация экспорта
• 무역수지 흑자	• активное сальдо торгового баланса
• 늦어도 6월 말에	• не позднее конца июня
• 다음달 말까지는	• до конца будущего месяца
• 회사분할	• раздробление компании
• 회사재산을 법정관리로 넘기다	• передать имущество компании под управление судебных о́рганов
• 북한에 의료시설 건설을 위한 6백만 달러의 차관 제공	• предоставление Северной Корее кредитов в размере 6 миллионов долларов для строительства медицинского учреждения
• 《CDMA》규격의 한국 이동통신 시스템 즉, 《코드분할 다중접속 시스템》의 북한 도입	• внедрение в Северную Корею южнокорейской системы мобильной связи стандарта «CDMA», то есть «системы многостанционного до́ступа с кодовым распределением каналов»
• 다국적 기업	• транснациональная компания
• 외환 보유(고)	• валютные резервы
• 금리인상에 대한 최근의 결정	• недавнее решение о повышении процентных ставок
• 중국으로의 화물 및 여객 운송비용을 낮추다	• удешевить стоимость перевозки[1] грузов и пассажиров в Китай
• 컨테이너 화물	• контейнерные грузы [тэ]
• 회사를 상대로 손해배상 청구 소송을 제기하다	• возбудить иск против компании с требованием денежной компенсации убытков
• 약 78만 달러로 추산되는 재정적 손실	• финансовые потери, исчисляемые примерно 780(семьюстами восьмьюдесятью) тысячами долларов
• 실업자수 감소 및 물가 안정	• уменьшение числа безработных и стабильность потребительских цен
• 실업률과 물가 상승률을 3%범위 내에서 억제하다	• сдержать уровень безработицы и повышения потребительских цен в пределах 3 %
• 5월말 자료에 따르면	• по данным на конец мая
• 국가 경상수지 흑자	• положительное сальдо текущего платёжного баланса страны

---

[1] = транспортировки

• 거액의 채무청산	• ликвидация крупных задолженностей
• 경제적 어려움으로 이번 일이 지연될 수 있다는 점을 고려할 때	• с учётом возможности[2] затягивания этих работ из-за материальных трудностей[3]
• 현 환시세로 보면	• по текущему обменному курсу
• 비록 실현가능성이 거의 없지만	• хотя это вряд ли реально осуществится
• 중국시장에서의 효과적인마케팅 전략	• эффективная маркетинговая стратегия на китайском рынке
• 지방 기업들과 중국과의 무역을 활성화 하는데 도움을 주다	• помочь местным компаниям в активизации торговли с Китаем
• 대륙붕 석유 채취를 위한	• для добычи нефти на морском шельфе
• 한국 은행 금리 인상	• повышение ставок южнокорейских банковских процентов
• 미국 군축 지지자들과 공동으로	• в сотрудничестве с американскими сторонниками разоружения
• 중국시장 진출	• продвижение на китайский рынок
• 경제개혁 성과	• достижение экономической перестройки
• 두만강 유역 개발 안	• проект по освоению района реки Туманган
• 서울지방검찰청사	• здание Сеульской окружной прокуратуры
• 조세 징수의 투명성 확보와 납세 수입 제고를 위한 노력	• усилия по повышению налоговых поступлений и обеспечению прозрачности в деле сбора налогов
• 가격 문제에 관련된 이견으로	• из-за расхождения во мнениях по вопросу о цене
• 1997년 말 외환위기가 발발했을 때	• во время начала валютно-финансового кризиса в конце 1997 года

---

[2] = вероятности
[3] = недостатка материальных средств

02 '국내문제' 관련 보충용어

• 국내 총 생산량이 5% 증가될 것이다	• валово́й вну́тренний проду́кт увели́чится в э́том году́ на 5% (ср. план по ва́лу)
• 하이닉스 발전의 정상화계획	• план возвраще́ния «Ха́йникса» на путь норма́льного разви́тия
• 기업 매각을 요구하다	• потре́бовать переда́чи иму́щества компа́нии
• 내수 증가	• рост вну́треннего потребле́ния
• 미국 경제 회복	• оздоровле́ние америка́нской эконо́мики
• 판매량이 꾸준히 성장하다	• рост прода́ж неукло́нно растёт
• 2001년도 히트 상품에 현대 자동차가 포함되다	• помести́ть автомоби́ль «Хёндэ» в свой спи́сок «хи́товых това́ров 2001 го́да»
• 수입 강철의 1/5이다	• соста́вить пя́тую часть от всего́ ввози́мого в страну́ лома́
• 새로운 금융. 경제 위기 재발 방지	• предотвраще́ние (возникнове́ния) но́вого фина́нсово-экономи́ческого кри́зиса
• 총리 주재로	• под председа́тельством премье́р-мини́стра
• 가정용 전기요금의 50%인상	• повыше́ние на 50% пла́ты за электроэне́ргию для индивидуа́льных потреби́телей
• 비무장지대에서 멀지 않은 경기도 파주市에서	• в го́роде Паджу́ неподалёку от Демилитаризо́ванной зо́ны (ДМЗ)
• 철로 복원 공사 기념식	• церемо́ния, посвящённая нача́лу рабо́т по восстановле́нию железнодоро́жной магистра́ли

03 '국제문제' 관련 보충용어

• ~와 별도 만남을 가지다	• провести отдельные встречи с КЕМ
• 행정자치부 장관	• министр административного самоуправления и внутренних дел
• 해양수산부 장관	• министр морского хозяйства и рыболовства
• 농림부 장관	• министр сельского и лесного хозяйства
• 정보통신부	• Министерство информации и связи
• 산업자원부	• Министерство промышленности и ресурсов
• 국회의원	• депутат Национального собрания
• 유럽 4개국을 순방중인 외무부 장관	• министр иностранных дел, ныне совершающий турне по 4 европейским странам
• (대통령)남은 재임기간	• оставшийся период[4] пребывания у власти
• 새천년 민주당 평당원	• рядовой член Демократической партии нового тысячелетия
• 현직 대통령들의 당적 포기 관례	• традиция отказа действующих президентов от принадлежности к КАКОЙ-л. партии
• 결정을 취소하다	• аннулировать своё решение
• ~와의 최종 협상(거래)안을 거절하다	• отклонить окончательный вариант сделки с КЕМ-либо
• 협상결렬에 대해 실망감을 표하다	• выразить разочарование по поводу срыва сделки
• 일련의 뇌물스캔들	• целый ряд коррупционных скандалов
• ~에 대한 감사의 표시로	• в знак благодарности за то, что...
• 지난 4년 동안	• в течение прошлых 4-х(четырёх) лет
• 유엔난민고등판무관실	• комиссариат ООН по делам беженцев
• 양국간 직항로 개설 문제	• вопрос об установлении прямого воздушного сообщения между двумя странами
• 미국을 신랄하게 비평하다	• подвергнуть США резкой критике
• 한미 군사훈련 실시	• проведение южнокорейско-американских военных манёвров
• 외부 간섭 없이	• без вмешательства извне
• 환호하는 군중	• ликующая толпа
• 배에 타고 있던 어부들	• находившиеся на борту судна рыбаки
• 지방자치단체장 선거	• вы́боры руководителей органов местного самоуправления (ср. выбира́ть - вы́брать)
• 의장을 예방하다	• нанести визит председателю
• 인도주의 원칙에 입각하여	• исходя из принципов гуманности
• 동남아시아 및 동북아시아 국가들 간의 협력	• сотрудничество между странами Юго-Восточной и Северо-Восточной Азии
• 범죄인 인도 협정	• соглашение об экстрадиции преступников

---

[4] = срок

03 '국제문제' 관련 보충용어

• ~에 대해 하나같이 놀라움을 표하다	• единодушно выразить удивление по поводу ~
• ~할 가능성을 낙관하다	• оптимистически смотреть на возможность ~
• 차세대 전투기	• истребитель нового поколения
• 16개 대도시 시장 및 도지사(광역단체장), 232명의 소도시 시장(기초단체장)을 선출하다	• избрать 16 мэров крупнейших городов и губернаторов провинций, 232 мэров мелких городов.
• (후보자들은) 부동산 자산, 납세, 군복무, 전과에 관한 자료를 선거위원회에 제출하다	• предоставлять в избирательные комиссии данные об их недвижимости, об уплате налогов, о прохождении ими военной службы и о наличии судимости
• 일본 총영사관 진입(침투)시도가 실패한 뒤에	• после неудачной попытки проникнуть в японское Генеральное консульство
• 약 30만 명 가량의 북한 탈북자들	• около 300 тысяч северокорейских перебежчиков
• 중국영토에 불법 체류하다	• нелегально находиться на территории Китая
• 두만강 유역 개발	• развитие бассейна реки Туманган
• 대한무역투자진흥공사	• Корейское государственное агентство содействия развитию торговли и инвестиций (КОТРА)
• 27%의응답자들은 대답했다	• 27% опрошенных ответили, что ~
• 구축함과 순양함	• эстренный миноносец[5] и патрульный крейсер
• 1990년부터 벌써 7번째 참가하다	• участвовать уже в седьмой раз, начиная с 1990 года
• 북한정책에 대한 우려에도 불구하고	• несмотря на озабоченность по поводу северокорейской политики
• 7월 7일 서울에서 열린한반도 통일문제 학술세미나에서	• на прошедшем 7 июня в Сеуле научном семинаре, посвящённом вопросу воссоединения Кореи
• 양국간 협력 증진 및 교류 확대를 통한 평화적 공존의 필요성	• необходимость мирного сосуществования путём укрепления сотрудничества и расширения обменов между двумя странами
• 전화대화를 통해	• в ходе телефонной беседы
• 해상군사 훈련	• военно-морские учения
• 진퇴양난에 처하다	• находиться в безвыходном положении[6]
• 호혜(상호)주의 원칙을 무시하다	• пренебрегать принципом взаимности
• 중앙재해대책본부	• Национальный штаб по ликвидации стихийных бедствий
• 북한이 국제적 고립에서 벗어나는 것	• выход Северной Кореи из международной изоляции
• 레저관광산업	• индустрия развлечений и туризма
• 장관급 3자 회담 장소	• место проведения трехсторонних переговоров на уровне министров
• 수입자유화	• либерализация импорта
• 정부청사	• государственные учреждения[7]

5) = эсминец
6) = в тупике

• 아시아올림픽 평의회	• Совет Азиатских Игр
• 임시총회	• внеочередная сессия
• 투표로 결정하다	• решить голосованием
• 올림픽 개막식에 참석하다	• присутствовать на торжественном открытии Олимпийских Игр[8]
• 주목을 끌다	• привлекать внимание
• 국가안보위원회(KGB)	• Комитет государственной безопасности (КГБ)
• 인민대표회의에서	• на Съезде народных депутатов
• 지난 주 모스크바에서 발생한 살해 사건에 대한 즉각적인수사	• немедленное расследование произошедшего на прошлой неделе в Москве убийства КОГО
• 재발방지조치	• меры по предотвращению возникновения впредь аналогичных инцидентов
• 공식 방문하다	• находиться с официальным визитом[9]
• 양국 경제 협력을 구체화하기 위해	• для конкретизации экономического сотрудничества между двумя странами
• 양국의 경제협력 내용과 규모	• содержание и объём взаимного экономического сотрудничества.
• 양국간 영사관계를 수립하다	• установить консульские отношения между двумя странами

---

7) = Дом правительства
8) = принять участие в церемонии открытия Олимпийских Игр
9) = наносить(нсв)/нанести(св) официальный визит

04 '남북문제' 관련 보충용어

• 통일부	• Министерство по делам воссоединения
• 이산가족 상봉	• встреча членов разделённых семей
• 남북한간 철도 개통	• открытие Межкорейской железной дороги
• 야당의 지지를 확보하다	• заручиться поддержкой оппозиции
• 시베리아 횡단 철도	• Транссибирская железнодорожная магистраль
• 재정경제부 차관	• заместитель министра финансов и экономики
• 북한 금강산으로 연결되는 도로	• автодорога, ведущая к Алмазным горам на Севере
• TV방송국 "NHK"의 보도에 따르면	• по сообщению телевещательной компании «NHK»
• ~에 대한 심심한 감사의 뜻을 담은 김대중 대통령의 친서	• личное послание от президента Ким Дэ Чжуна с выражением глубокой благодарности за то, что ~
• 조국으로의 강제 송환	• принудительная репатриация КОГО на родину
• 거동 수상자	• подозрительные прохожие (ли́ца)
• 금강산 댐 붕괴	• разрушение дамбы в Алмазных горах Северной Кореи
• 건설교통부	• Министерство строительства и транспорта
• 강한 수압에 견딜 수 있도록 평화의 댐 강화 조치를 취하다	• принять меры по укреплению дамбы Мира с тем, чтобы она была в состоянии противостоять сильному напору воды
• 우기에는(장마철에는) 이 댐의 합동 실태점검을 하다	• в сезон дождей провести совместную проверку состояния этой дамбы
• 미군기지 이전	• передислокация американской военной базы
• 한반도 긴장 완화	• смягчение напряжённости на Корейском полуострове
• 북한 적십자에 (이산가족) 상봉 신청서를 제출하다	• подать заявки на встречи в северокорейский Красный Крест
• 유력한 북한관련 소식통을 인용하여	• со ссылкой на компетентные источники по Северной Корее
• 칼과 도끼로 한국 해양경찰을 위협했던 중국 어부들의 오만방자한 행위	• вызывающее поведение китайских рыбаков, угрожавших ножами и топорами представителям южнокорейской морской полиции
• 서울을 답방하다	• побывать с ответным визитом в Сеуле
• 노벨평화상 수상자	• лауреат Нобелевской премии мира
• 관측소	• наблюдательный пункт
• 부시행정부의 대북 강경입장	• жёсткая позиция администрации Буша в отношении КНДР
• 곡물수확	• урожай зерновы́х (ср. зерно́)
• 소란을 피우다	• поднимать шум
• 3명의 탈북자	• трое северокорейских перебежчиков(беглецов)
• 판문점	• пограничный пункт Пханмунджом
• 당초 ~할 계획이었다	• вначале планировалось ~
• 양측이 편리한 때(시간)에	• в удобное для сторон время

• 말로는 ~인데 실제로는...	• на словах ~, а на самом деле...
• 대량살상무기	• оружие массового уничтожения
• 북한 금강산 크루즈 여행 사업자	• организатор экскурсионных круизов в северокорейские Алмазные горы
• 경수로	• ядерный реактор на лёгкой воде[10]
• 10명으로 구성된 북한대표단	• северокорейская делегация в составе 10 (десяти) человек
• "고려" 항공사 소속의 민간항공 전문가들	• эксперты по гражданской авиации из компании «Корё»
• 남북 공동 성명 2주년 기념 행사의 추진	• организация юбилейных мероприятий, посвященных второй годовщине совместной межкорейской декларации
• 대한 적십자사 총재	• президент Общества Красного Креста РК
• 한반도 에너지 개발 기구	• Организация по развитию энергетики Корейского полуострова (КЕДО)
• 대화를 통한 한반도 문제 해결을 촉구하는 공동성명을 채택하다	• принять совместную декларацию, призывающую к решению проблем Корейского полуострова путём диалога
• ~를 중상하다	• клеветать[11] на КОГО
• 조심스럽게 낙관할만한 몇가지 이유(근거)가 있다	• есть некоторые основания для сде́ржанного оптимизма
• 3명의 북한인이 중국 경찰서에 구금되어 있다	• в китайской полиции[12] под арестом находятся 3 северокорейца
• 그들은 중국 수도 주재 한국 대사관에 침투하려다 체포되었다.	• Они были арестованы при попытке проникнуть в посольство РК в столице КНР.
• 전민련(전국민중연합)	• Объединённый народный альянс
• 범민족대회	• общенациональная конференция
• 한나라당	• партия «Ханнара»
• 자민련	• партия Объединённых либеральных демократов (ДПНТ)
• 민노당	• Демократическая партия рабочих
• 남북 협력기금	• фонд сотрудничества между Севером и Югом Кореи
• 투자보장 및 이중과세방지 협약	• Соглашение по гарантиям инвестиций и предотвращению двойного налогообложения
• 백두산 관광단과 한라산 관광단의 교차 방문	• обмен туристическими группами для посещения районов гор Пэктусан на Севере и Халласан на Юге

---

10) = легководный ядерный реактор
11) = возвести клевету
12) = в отделении полиции Китая

04 '남북문제' 관련 보충용어

- 김영남 최고회의 상임위원장
- 노동당 비서
- 기조연설
- 빈곤 퇴치
- 환경 보존
- 가능한 ~분야에서 협력을 확대하는 문제
- 남북 군사실무위원회
- 조국 통일을 바라는 순수한 동기
- 국가 보안법위반
- 대통령 특보
- 서울 답방

- председатель Президиума Верховного Народного Собрания страны Ким Ён Нам
- секретарь Трудовой партии Кореи (ТПК)
- речь на главном заседании
- борьба с бедностью
- защита окружающей среды
- путь расширения возможной сферы ЧЕГО
- межкорейская совместная комиссия по военным Вопросам
- бескорыстная мысль о национальном воссоединении
- нарушение закона государственной безопасности
- специальный помощник президента
- ответная встреча в Сеуле

05 '사회·문화' 관련 보충용어

• 종신 징역수	• осуждённые на пожизненное тюремное заключение
• 체세포를 채취하다	• взять клетки тела
• 황사 (먼지폭풍)	• пыльные песчаные бури
• 하이닉스 반도체 회사	• компания «Хайникс семикондуктор»
• 노동 생산성	• производительность труда
• 노동의 질적 수준	• уровень квалификации рабочей силы
• 항구도시 인천에 위치한 송도 유원지에서	• в парке аттракционов «Сондо» в портовом городе Инчхон
• 모형배	• макет корабля
• 2500평 면적에 길이가 14미터되는	• площадью 2500 квадратных метров, длиною 14 метров
• 우주복	• космические скафандры
• 컴퓨터 메모리칩	• чип компьютерной памяти
• 전인류의 번영과 아동 복지	• процветание всего человечества и благополучие (ср. благосостояние родителей) детей
• 왕복 항공(비행) 요금	• стоимость полёта туда и обратно
• 미 입국비자 신청서를 제출하기 위해	• для подачи заявок на въездну́ю визу в Америку (ср. въезд)
• 담(울타리)을 넘다	• перелезть через ограду
• 시험(방송 등)을 거친 후에	• после проведения проверочных испытаний
• 왕복항공권	• билет на самолёт в оба конца
• 어린이날이었던 5월5일 하루만이라도	• хотя бы только один день 5 марта, когда в стране отмечался День детей
• 안전상의 이유로	• по соображению безопасности
• 자선단체	• благотворительная организация
• 간염	• гепатит
• 이러한 노력의 일환으로	• в рамках этих усилий
• 서울 독일문화원	• культурный центр Германии в Сеуле
• 바로 이 기준을 ~에 똑같이 적용해서는 안 된다	• нельзя применять этот же стандарт к ~
• 부부	• <u>супружеская пара</u>[13]
• 월드컵 개막식에 참석하기위해	• для участия в церемонии открытия Чемпионата мира
• 연간 이용(승선)권 예매제 시행	• введение системы бронирования путёвок на целый год
• 금강산관광객수가 상당히 증가하였다	• число туристов в Алмазные горы значительно возросло
• 쾌속선	• скоростной паро́м
• 한국회사와 일본 4개 회사로 구성된 콘소시엄이 만든 초고속 해저통신망	• сверхскоростная подводная сеть связи, созданная южнокорейской компанией и консорциумом, включающим 4-х японские фирмы

---

13) = супруги

05 '사회·문화' 관련 보충용어

• 인적자원 양성	• подготовка людских ресурсов[14]
• 타악기 연주단의 공연	• представление ансамбля ударных инструментов
• 한국과 일본의 유명 대중 가수들의 공연	• выступление известнейших поп-певцов из РК и Японии
• 모범수	• образцовый заключённый
• ~할 수 있도록 해달라는 요청을 담은 공식 서한	• официальное письмо с просьбой сделать так, чтобы КТО делал ЧТО
• 일본 무비자 여행 유효기간 연장	• продление срока действия безвизовых поездок в Японию
• 활주로	• взлётно-посадочная полоса
• ~을 팩스로 ...에게 보내다	• направить ЧТО по факсу в адрес КОГО
• 그러한 정보들을 비밀에 부치다(비밀로 해두다)	• держать такие сведения в тайне
• 30세 가량의 남자와 여자	• мужчина и женщина в возрасте лет 30
• 중국 신분증	• китайская идентификационная карточка
• 이 자료들을 분석해보면	• при анализе этих данных
• 경직되고 권위적인 피파의 재정 운영	• догматическое и авторитарное с точки зрения финансов управление Международной федерации футбольных ассоциаций (ФИФА)
• 실업지수 감소 및 노동 여건 개선	• снижение числа безработных и улучшение условий труда
• 서울 코엑스 전시관에서	• в сеульском Центре выставок и конференций «КОЕХ»
• ~에 대해 누구에게 보고하다	• доложить КОМУ о ЧЁМ-либо.
• 석가탄신일을 맞아	• по случаю дня рождения Будды
• 왕족과 팝스타들	• члены королевских семей и поп-звёзды
• 영자신문	• англоязычная газета
• 아키히토 일본 천황	• японский император Акихито
• 인도주의 원칙에 입각하여	• основываясь на гуманитарных принципах
• 귀빈	• почётный гость
• ~를 위한 교육 훈련 센터	• учебно-тренировочный центр для ~
• 별다른 어려움 없이	• без особого труда
• 금강산 관광 활성화	• активизация[15] туристических поездок[16] в Алмазные горы
• 관광 특구 조성	• создание специальной туристической зоны
• 신원확인을 위해	• для идентификации (их) личности
• ~한지 5년 후	• 5 лет спустя после того, как ~
• ~을 밝혀내기 위해 아무개를 신문하다	• допросить КОГО на предмет выяснения ЧЕГО
• 우주복과 장비가 전시됨	• выставлены космические скафандры и приборы

---

14) = кадров
15) = оживление
16) = туризма

- 우주선
- 비행기는 150명의 승객을 태울 수 있다
- 왕복 티켓 값
- 지식 축적
- 차량 5부제 실시

- космический корабль
- самолёт сможет брать на борт до 150 (ста пяти́десяти) пассажиров
- стоимость полёта туда и обратно
- накопление знаний
- введение в действие нового транспортного режима, согласно которому личные автомобили нельзя будет использовать один раз в 5 дней

06 '스포츠' 관련 보충용어

• 월드컵 기간 중에	• в период проведения Кубка мира по футболу
• 붉은악마 응원단	• команда «красных дьяволов»
• 한국 월드컵 조직위원회	• Корейский оргкомитет по проведению Кубка мира
• 부산 아시안게임 조직위원회	• оргкомитет по проведению Азиатских игр в Пусане
• 남북(한간) 수송 직항로	• прямой межкорейский транспортный авиационный маршрут
• 세계 16강 대열에 겨우 오르다	• пробиться в число 16 (шестнадцати) лучших команд мира
• 16강에 진출하다	• попасть в число 16 (шестнадцати) сильнейших команд мира
• 친선경기	• товарищеский матч
• 월드컵 개막식 총연습	• генеральная репетиция церемонии открытия Чемпионата мира
• 한국 대표팀 라카룸(탈의실)	• раздевалка южнокорейкой команды
• (세계)각국의 한인사회에서는	• в корейских общинах разных стран
• 잠 못 이루는 밤을 보내다(꼬박 밤을 새다)	• провести бессонную ночь
• 월드컵 개최가 국민총생산(GNP) 성장에 미칠 영향	• влияние проведения Кубка мира по футболу на рост валово́го национального продукта
• 정신적인 요인을 고려해볼때	• принимая во внимание моральный фактор
• 더티플레이로 페널티킥을 얻다	• получить право на 11-метровый удар за грубую игру
• 전반 15분 페널티에리어에서	• на 15-й минуте первого тайма в штрафной площадке
• 공동 주최측	• соорганизаторы
• 17언더파를 기록하다	• набрать 271 очко

활용빈도수가 높은 기본(지각, 운동) 동사와 부사가 결합된 표현

ГОВОРИТЬ 말하다

- быстро(빨리) · медленно(천천히, 느리게) · с расстановкой(띄엄띄엄) · разборчиво(이해가기 쉽게)
- внятно(логично, доходчиво)(조리있게, 논리적으로) · ясно(명확하게) · отчётливо(명료하게)
- заикаясь((선천적 장애로 인해)더듬거리며) · шепелявя(혀짤배기 처럼) · скороговоркой(빠르게)
- громко(큰 소리로, 우렁차게) · тихо(조용히) · шёпотом(속삭이듯) · жестикулируя(몸짓을 하며)
- глотая слова (звуки)(불명확하게, 말을 먹으며) · без умолку(계속해서) · делая акцент на словах(특정 단어를 강조하며) · выразительно(표현력있게) · красиво(멋있게) · бойко(재빨리)
- образно(비유적으로) · с трудом(어렵게) · легко(쉽게) · свободно(자유자재로)
- запутанно (сложно, неразборчиво)(헷갈리게) · запинаясь(더듬거리며-후천적인)
- с улыбкой(미소를 지으며) · с юмором(농담을 섞어가며) · с иронией(비꼬며) · саркатически(빈정거리듯) · красноречиво(멋지게) · плохо (о ком, о чём)(~에 대하여 나쁘게) · с ехидством (ехидно, злобно)(독설스럽게) · абсурдно(엉터리로) · сдержанно(절제하며) · хитро (ср.хитрый)(영악하게) · умно(ср. умный)(지혜롭게) · сухо(딱딱하게) · скучно(지루하게) · эмоционально(감정적으로) · официально(공식적으로) · из(для) приличия(의례적으로, 체면상) · на диалекте(사투리를 쓰며)

ПИСАТЬ 쓰다

- складно(조리 있게) · хорошо(잘) · грамотно(배운 사람처럼) · без ошибок(완벽하게)
- чисто(깨끗하게) · грязно(지저분하게) · быстро(빨리) · красиво(예쁘게) · как курица лапой(지렁이 기어가는듯) · аккуратно(정확하고 말끔하게) · разборчиво(또박또박하게) · печатными буквами (очень разборчиво)(인쇄된 글씨처럼, 또박또박) · великолепно(뛰어나게) · легко(쉽게)
- свободно(유창하게) · в разговорном стиле(구어체로) · в книжном стиле(문어체로)
- красочно(생생하게, 생동감 있게) · неинтересно(재미없게) · сухо(무미건조하게)

ЧИТАТЬ 읽다

- быстро(빨리) · медленно(천천히) · хорошо(잘) · плохо(잘못) · вслух(소리내어) · про себя(속으로)
- шепотом(속삭이듯이) · с выражением (выразительно)(표현력이 풍부하게) · с запинкой (запинаясь)(더듬으면서) · без запинки(더듬거리지 않고) · между строк(행간의 뜻)
- мысли (на расстоянии)(의미를 간파하며)

СЛУШАТЬ 듣다

- внимательно(주의깊게) · напрягая слух (во все уши)(귀를 기울여) · с уважением(예의바르게)
- не упуская ни одного слова(한 마디도 놓치지 않고) · настороженно(조심스럽게) · рассеянно(산만하게) · сосредоточенно(집중해서) · напряженно(긴장하며) · навострив уши(귀를 쫑긋 세워)
- отвлекаясь(딴 짓하며) · в одно ухо влетает - в другое вылетает(한쪽귀로 듣고 한쪽귀로 흘리듯이)

ЗНАТЬ 알다

- в совершенстве(완벽하게) · глубоко́(깊이) · кое-как(대강) · точно(정확하게) · всесторонне (со всех сторон)(다방면으로) · как самого́ себя (자기자신처럼) · поверхностно(피상적으로)

УЗНАТЬ 알게 되다

- случайно, неожиданно(예기치 않게) · наугад(지레짐작하여) · из тысячи(강한 인상을 받아서 기억함)
- с первого взгляда(첫눈에) · с трудом(어렵게) · легко(쉽게)

ПОНИМАТЬ 이해하다

- быстро(빠르게) · с полуслова(대번에) · по глазам(눈으로) · без намека (без лишних слов)(힌트없이) · всё(모든 것을) · легко(쉽게) · туго(굼뜨게) · с трудом(어렵게) · неправильно(잘못)
- точно(정확하게)[17] · с первого раза(한번에)

ИДТИ 걷다

- быстро(빨리) · медленно(느리게) · вприпрыжку(깡총 깡총) · хромая(절뚝거리며) · степенно (с важным видом)(으시대며) · враскачку(어슬렁거리며, 으시대며) · спотыкаясь(넘어질 것 같이)
- волоча ноги(발을 질질끌며) · шатаясь(비틀거리며) · размахивая руками(팔을 크게 벌리며)
- вразвалку(어슬렁거리며, 으시대며) · босиком(맨발로) · куда глаза глядят(발길 닿는대로)
- бодро(씩씩하게) · еле волочить ноги(굉장히 힘들게) · наощупь(더듬으면서)
- с песней(напевая)(노래를 흥얼거리며) · склонив голову(с поникшей головой)(고개를 떨군채)

---

17) 비슷한 뜻으로는 чётко уяснить(명료하게 이해하다)도 있습니다.

ЕСТЬ 먹다[18]

• вкусно(맛있게) • с аппетитом, быстро(빨리) • медленно(천천히) • осторожно(조심스럽게) • без аппетита • с удовольствием(기분 좋게) • как поросёнок(막 흘리며) • как свинья(더럽게) • как лошадь(머슴처럼) • как будто (тебя) 3 дня не кормили(미친듯이) • жадно(게걸스럽게)

ПИТЬ 마시다

• жадно(게걸스럽게) • быстро(빨리) • медленно(천천히) • залпом(한번에) • <u>до посинения</u>(토할때까지)[19] • без остановки(천천히 쉬지 않고) • без перерыва(쉬지 않고) • с удовольствием(기분 좋게) • большими глотками(벌컥벌컥) • малькими глотками(조금씩) • до дна(한번에) • до потери пульса(죽을 때까지) • <u>вперемешку</u>(섞어서)[20]

(ПО)СМОТРЕТЬ 쳐다보다

• пристально(세심하게) • с интересом(흥미롭게) • удивлённо(놀라서) • прямо(똑바로) • сочувственно(동정어린 눈으로) • испуганно(깜짝 놀라) • внимательно(주의를 기울여) • исподлобья(치떠서) • и́скоса(사시적으로) • с подозрением(의심 어린 눈초리로) • с восхищением(황홀하게) • с радостью(기쁜 마음으로) • с яростью(분노하여) • со страхом(두려움 속에) • с болью(가슴 아프게) • с любопытством(호기심 어리게) • с любовью(애정을 가지고) • со злостью (в глазах)(증오하며) • коварно(음흉하게) • восхищённо(황홀하게) • с открытым ртом(입을 벌리고) • без внимания(건성으로)

ДУМАТЬ[21] 생각하다

• долго(오랫동안) • много(많이) • часто(자주) • серьёзно(심각하게) • рационально(합리적으로) • логически(논리적으로) • по-детски(어린아이처럼) • сосредоточенно(집중적으로) • напряжённо(긴장하여) • непрестанно(끊임없이)

---

18) '음식을 먹다' 는 표현과 관련된 다음과 같은 표현들도 알아두기 바랍니다(хорошо посидели(즐겁게), хорошо или прилично (плохо) вести себя за столом(식탁에서 예절 바르게[버릇없이] 행동하다), Он не может вести себя за столом(칠칠맞게). Когда я ем, я глух и нем(정신없이), как корова языком слизала(마파람에 게눈 감추듯이).

19) 비슷한 표현으로는 같은 어근을 가진 동사 напиться(많이 마시다)와 함께 쓰이는 표현들도 알아두기 바랍니다 (~ в доску(무진장), ~ вдрызг(곤드레만드레), ~ до беспамятства(고주망태가 되도록)).

20) '그는 보드카와 맥주를 섞어 마셨다' 라는 표현은 Он выпил водку вперемешку с пивом으로 번역됩니다.

21) '생각하다' 와 관련된 다음 표현들도 알아두기 바랍니다 (смотерть на вещи проще(쉽게 생각하다), делать проблему из ничего, не принимать близко к сердцу(괜히 어렵게 생각하다).

ОБДУМАТЬ (깊이) 생각하다

• всесторонне(모든 면을) • основательно(철저하게) • глубоко́(깊이) • тщательно(찬찬히)
• детально(세심한 면까지) • обстоятельно(신중하게)

РАБОТАТЬ 일하다

• споро(마음이 맞는 사람들과) • с охотой(신나게) • с желанием(희망을 가지고) • с интересом(흥미를 가지고)
• много, серьёзно(열심히) • быстро(빨리) • медленно(천천히) • скурпулёзно(꼼꼼히) • спустя рукава(불성실하게) • кое-как(대강대강) • сложа руки(팔짱을 끼고) • на износ(지나치게 긴장한 채)
• на совесть(양심적으로) • хорошо(잘) (↔плохо) • умело(요령있게) • профессионально(프로처럼)
• ма́стерски(명인처럼) • не щадя сил(힘을 아끼지 않고) • без отдыха(쉬지않고) • не покладая рук(손을 놀리지 않고) • с рассвета до зари(새벽까지) • не замечая времени(시간가는 줄 모르고)
• до седьмого пота(7시 까지) • в поте лица(땀흘리며) • изо всех сил(전심전력을 기울여)

ПЕТЬ 노래하다

• хорошо(잘) (↔плохо) • профессионально(성악가처럼) • громко(큰 목소리로) • тихо(조용히)
• как соловей(꾀꼬리처럼) • как будто медведь на́ ухо наступил(돼지 멱따는 소리로) • высоким голосом(고음으로) • низким голосом(저음으로) • звонко(공명감있게) • нежно(부드럽게)
• с душой(마음으로) • с грустью в голосе(구성지게) • радостно(기쁘게) • бодро(씩씩하게)
• сладко(달콤하게) • с чувством(가사를 음미하며)

СПАТЬ 자다[22]

• крепко(깊게) • беспробудным сном(한번도 안 일어나고) • сладко(달게) • беспокойно(불편히)
• спокойно(곤히) • на боку(옆으로) • на спине(등대고) • на животе(배깔고) • с открытыми глазами(눈뜨고) • как убитый(죽은 듯이)

ЖДАТЬ 기다리다

• долго(오랫동안) • вечно(하염없이) • нетерпеливо(초조하게) • с нетерпением (с большим

---

[22] '자다'와 관련된 다음 표현들도 알아두기 바랍니다(храпеть во сне(코골고 자다), скрипеть зубами во сне(이를 갈고 자다), заснуть быстро(빨리 잠들다), как только закрыть глаза(눕자마자 잠들다), засыпа́ть долго(깊게 자다), хорошо вы́спаться(푹자다), спать [дремать] на ходу(졸면서 걷다).

нетерпением)(학수고대하며) ·безмолвно(잠자코) ·молчаливо(잠자코) ·с надеждой(희망을 가지고)
·верно(믿고) ·покорно(순종적으로) ·преданно(희생적으로) ·беспрерывно ·до гроба(죽을 때까지)
·(до сих пор) пока хватит сил(참을 때까지) ·мучительно(지겹게) ·беспокойно(안절부절하며)
·поминая нехорошим словом(투덜거리며)

ВЕРИТЬ 믿다

·по-настоящему(진정으로) ·серьезно(진지하게) ·беззаветно(헌신적으로) ·сильно(강하게)
·полностью(완전히) ·искренне(독실하게) ·как самому себе (믿어 의심치않다)
·только на словах(말로만) ·наполовину(반만) ·с трудом(어렵게) ·всегда(항상)
·твердо(крепко)(굳건히) ·слепо (безрассудно)(맹목적으로) ·благочестиво(신실하게)
·благоговейно (с благоговением)(경건하게) ·в душе(마음으로)

ЛЮБИТЬ 좋아하다, 사랑하다

·до́ смерти(죽을 때까지) ·всей душой и телом(정성을 다해) ·преданно(헌신적으로) ·крепко
(열렬히) ·вечно(영원히) ·горячо(뜨겁게) ·до сумашествия(미치도록) ·сильно(많이) ·очень(무척)
·по-настоящему(진짜로) ·до гроба(무덤에 갈때까지) ·себя не помня(정신없이) ·больше
(своей) жизни(나 자신보다 더) ·по-матерински(모성애로, 어머니의 마음으로) ·по-отечески(부성애로, 아버지와 같은 마음으로) ·в душе(마음으로) ·платонически(정신적으로) ·всей душой(전심을 다해)
·тихо(조용히, 요란하지 않게) ·плотски(육체적으로) ·пылко(정열적으로) ·в душе(마음으로)

ОДЕВАТЬСЯ (옷을) 입다

·элегантно(우아하게) ·со вкусом (без вкуса)(옷을 잘 입다) ·опрятно (неопрятно)(단정하게)
·чисто(깨끗하게) ·как бородяга(거지처럼) ·напоказ(자랑삼아) ·удобно(편하게) ·тепло(따뜻하게)
·по-летнему(여름철에 맞게) ·по-зимнему(겨울에 맞게) ·по-осеннему(가을에 맞게)
·по-весеннему(봄철에 맞게) ·(не) по сезону(철에 안 맞게) ·вызывающе(야하게) ·броско(눈에 띄게)
·изысканно(세련되게) ·щегольски́ (как щёголь)(멋쟁이처럼) ·по-деревенски(촌스럽게)
·сексуально(섹시하게) ·выставляя напоказ интимные части тела(노출이 심하게, 아슬아슬하게)
·как кукла(공주처럼) ·серо(노티나게) ·откровенно(야하게) ·изящно(우아하게) ·неряшливо
(지저분하게)

ПОКУПАТЬ 사다, 구입하다[23]

- что попало(닥치는 데로, 마구, 보이는 데로) ・кота в мешке(속아) ・наобум(마구) ・впрок(여유 있게)
- дёшево(싸게) ・дорого(비싸게) ・(не)торгуясь(부르는 대로) ・по заказу, в рассрочку (с рассрочкой)(할부로) ・с трудом, с рук(길거리에서, 행상으로) ・на рынке(시장에서)
- в магазине(가게에서) ・с доставкой нá дом(배달해서) ・часто(자주) ・редко(드물게) ・раз в 100 лет(아주 드물게) ・по дешёвке(헐값으로) ・даром(공짜로) ・втрúдорога(터무니없이 비싸게) ・сколько нужно(필요한 만큼) ・все без остатка(몽땅) ・через посредника(중개인을 통해) ・в рóзницу(소매로)
- óптом(도매로) ・без прока(у) (ненужную вещь) (напрасно)(쓸데없이)

КРИЧАТЬ 소리치다

- громко, хрипло(목이 쉬도록) ・тихо(조용히) ・до хрипоты в горле(목이 쉬도록) ・впустую(허공에)
- без причины(괜히) ・как резаный(악을 쓰다) ・пронзительно, до боли в ушах(귀청 떨어지게)
- оглушительно(귀먹을 정도로) ・испуганно(놀란 듯이)

---

[23] 같은 어근을 가진 выкупать(по частям)동사는 '조금 조금씩 사다'라는 의미를 갖고 있습니다.

활용빈도수가 높은 명사와 형용사 또는 형용사와 명사가 결합된 표현

◆ 명사+형용사 어결합 표현

ЖЕНЩИНА [ДЕВОЧКА]

· чёрная ~ (피부색이나 머리색이 검은 여자) · рыжая ~ (머리색이 붉은 여자) · кудрявая ~ (곱슬머리 여자)
· седая ~ (백발머리 여자) · мягкая ~ (부드러운 여자) · блестящая ~ (뛰어난 여자) · жёсткая ~ (잔인한 여자) · тонкая ~ (가녀린 여자) · толстая ~ (뚱뚱한 여자) · прямая ~ (직선적인 여자) · редкая ~ (드문 여자) · стриженая ~ (머리를 빗어 단정한 여자) · жирная ~ (살찐[비만인] 여자) · ~ лёгкого поведения (행동이 가벼운 여자)

ВОПРОС

· трудный ~ (어려운 문제) · лёгкий ~ (쉬운 문제) · сложный ~ (복잡한 문제) · простой ~ (단순한 문제)
· чёткий ~ (명료한 문제) · понятный ~ (이해할 만한) · туманный ~ (투명하지 않은 문제)
· жизненноважный[~ жизни и смерти] ~ (사활이 걸린 문제) · ~ престижа (위신이 걸린 문제)
· ~ чести (명예가 걸린 문제) · ~ на засыпку (골탕먹이는 문제) · наглый ~ (뻔뻔스러운 문제)
· бесстыдный ~ (파렴치한 문제) · хитрый ~ (교묘한 문제) · ~ с намёками (암시적인 문제)
· ~ по существу (본질적인 문제) · не относящийся к делу ~ (내용에 맞지 않는 문제)
· глупый ~ (멍청한 문제) · дурацкий ~ (바보 같은 문제) · детский ~ (어린애 같은 문제) · серьёзный ~ (심각한 문제) · каверзный ~ (까다로운 문제) · важный ~ (중요한 문제) · прямой ~ (직접적인 문제)
· косвенный ~ (간접적인 문제) · жизненный ~ (삶의 문제) · загадочный ~ (수수께끼 같은 문제)
· странный ~ (이상한 문제) · острый ~ (날카로운 문제)

ЖИЗНЬ[24]

· супружская ~ (부부생활) · активная ~ (적극적인 생활) · драгоценная ~ (고귀한 삶) · длинная ~ (긴 인생) · короткая ~ (짧은 인생) · весёлая ~ (즐거운 인생) · радостная ~ (기쁜 생활) · светлая ~ (밝은 삶) · беззаботная ~ (아무 걱정 없는 생활) · счастливая ~ (행복한 생활) · безоблачная ~ (장미 빛 인생) · лёгкая ~ (쉬운 인생) · тяжёлая ~ (힘든 생활) · трудная ~ (어려운 생활) · беспросветная ~ (희망 없는 삶) · бесцельная ~ (목적 없는) · никчёмная ~ (쓸모 없는 인생) · земная ~ (이승)
· загробная ~ (사후) · небесная ~ (내세) · райская ~ (천상의 삶) · адская ~ (지옥 같은 삶)
· собачья ~ (개 같은 인생) · святая ~ (거룩한 삶) · религиозная ~ (종교적 생활) · светская ~ (세속적인 생활) · культурная ~ (문화 생활) · спортивная ~ (스포츠 생활) · честная ~ (정직한 삶)

---

24) '삶, 인생, 생활'로 번역되는 жизнь과 관련된 다른 표현도 알아두시기 바랍니다(стиль жизни(라이프 스타일), право на жизнь(생활권), расходы на жизнь (생활비), жизненные силы (жизнеспособность) (생활력), жизненные невзгоды (трудности)(생활고)).

ЛИЦО

· доброе ~ (선한 얼굴) · приятное (호감가는 얼굴) · симпатичное ~ (호감 가는 얼굴) · скуластое ~ (광대뼈가 튀어나온 얼굴) · кислое ~ (찡그린 얼굴) · бледное ~ (창백한 얼굴) · красивое ~ (아름다운[예쁜] 얼굴) · ухоженное(о коже) ~ (피부 등을) 잘 가꾼 얼굴) · милое ~ (정이 가는 얼굴) · уродливое [отвратительное] ~ (못생긴 [혐오스런] 얼굴) · небритое [щетинистое] ~ (면도 안 한 얼굴) · немытое ~ (세수 안 한 얼굴) · прыщавое (в прыщах) ~ (여드름 난 얼굴) · суровое ~ (험상궂은 얼굴) · безобразное ~ (못생긴 얼굴) · круглое ~ (둥근 얼굴) · овальное (갸름한 얼굴) · прямоугольное ~ (직사각형 얼굴) · квадратное ~ (정사각형 얼굴) · морщинистое ~ (주름진 얼굴) · накрашенное ~ (화장한 얼굴) · рябое ~ (곰보 얼굴) · загоревшее ~ ((햇볕에) 탄 얼굴) · острое ~ (뾰족한 얼굴) · моложавое ~ · старческое ~ (나이 들어 보이는 얼굴) · лоснящееся ~ (기름진 얼굴) · худощавое ~ (야윈 얼굴) · упитанное ~ (통통한 얼굴) · пухлое ~ (포동포동한 얼굴) · полное ~ (통통한 얼굴) · бандитское ~ (범죄형 얼굴) · смешное ~ (웃기게 생긴 얼굴)

ПОГОДА

· тёплая ~ (따뜻한 날씨) · холодная ~ (추운 날씨) · ве́треная ~ (바람부는 날씨) · дождливая ~ (비오는 날씨) · ясная ~ (맑은 날씨) · солнечная ~ (햇볕이 쨍쨍한 날씨) · пасмурная ~ (비 올 것 같은[비오는] 날씨) · хмурая ~ (흐린 날씨) · морозная ~ (몹시 추운 날씨) · весенняя (봄 날씨) · летняя ~ (여름 날씨) · осенняя ~ (가을 날씨) · зимняя ~ (겨울 날씨) · плохая ~ (나쁜 날씨) · хорошая (좋은 날씨) · прекрасная ~ (기분 좋은) · замечательная ~ (멋진 날씨) · восхитительная (기막힌 날씨) · безоблачная ~ (구름 한 점 없는 날씨) · ясная ~ , ~ без единого облака (구름 한 점 없는 청명한 날씨) · питейная ~ (술마시고 싶은 날씨)

ПРОБЛЕМА

· любовная ~ (애정 문제) · сексуальная ~ (성적인 문제) · неразрешимая ~ (풀리지 않는 문제) · ~ дружбы (우정의 문제) · ~ дружеских отношений (우호적인 관계의 문제) · о́страя ~ (날카로운 문제) · экономическая ~ (경제적 문제) · политическая ~ (정치적 문제) · международная ~ (국제적 문제) · глобальная ~ (전 지구적 문제)

ПРОСЬБА

· убедительная ~ (간곡한 부탁) · большая ~ (큰 부탁) · маленькая ~ (작은 부탁) · огромная ~ (부담가게 큰 부탁) · деликатная ~ (미묘한 부탁) · нескромная ~ (뻔뻔스러운 부탁) · невыполнимая ~ (들어줄수 없는 부탁) · трудновыполнимая ~ (들어주기 어려운 부탁) · ничтожная ~ (사소한 부탁)

ЧЕЛОВЕК

· простой ~ (단순한 사람) · скромный ~ (겸손한 사람) · хитрый ~ (영악한 사람) · корыстный ~ (얄팍한 사람) · бессовестный ~ (비양심적인 사람) · важный ~ (중요한 사람) · нахальный ~ (뻔뻔스러운 사람) · великодушный ~ (여유 있는 사람) · добродушный ~ (선량한 사람) · щедрый ~ (통이 큰 사람) · жадный ~ (욕심이 많은 사람) · заботливый ~ (잘 보살펴주는[꼼꼼한] 사람) · ласковый ~ (상냥한 사람) · обаятельный ~ (매력적인 사람) · привлекательный ~ (매력 있는 사람) · злой ~ (악한 사람) · добрый ~ (선한 사람) · злопамятный ~ (원한이 깊은 사람) · упрямый ~ (고집이 센) · наглый ~ (뻔뻔한 사람) · неотёсаный(дурак) ~ (바보같은 사람) · отзывчивый ~ (동정심이 깊은 사람) · весёлый ~ (쾌활한 사람) · скучный ~ (재미없는 사람) · интересный ~ (재미있는, 잘생긴 사람) · образованный ~ (교양있는 사람) · интеллигентный ~ (지적인 사람) · начитанный ~ (백과사전적 지식을 지닌 사람) · умный ~ (똑똑한 사람) · глупый ~ (어리석은 사람) · вежливый ~ (친절한 사람) · верный ~ (충직한 사람) · надёжный ~ (믿을 만한 사람) · преданный ~ (충실한[헌신적인] 사람) · гадкий ~ (혐오스러운 사람) · подлый ~ (비겁한 사람) · лживый ~ (믿을 수 없는 사람) · неугомонный ~ (보채는 사람) · тихий ~ (조용한 사람), · спокойный ~ (온순한 사람) · непоседливый ~ (주의가 산만한 사람) · услужливый ~ (말을 잘 듣는 사람) · идеальный ~ (이상적인 사람) · аккуратный ~ (꼼꼼한 사람) · щепетильный ~ (엄격하고 까다로운 사람) · ответственный ~ (책임감이 강한 사람) · небрежный ~ (무관심한 사람) · нудный ~ (따분한 사람) · рассчётливый ~ (사리에 밝은 사람) · занятой ~ (바쁜 사람) · праздный ~ (빈둥빈둥거리는 사람) · безразличный ~ (무관심한 사람) · беспокойный ~ (불안해 하는 사람) · лицемерный ~ (교만한 사람) · грубый ~ (거칠고 난폭한 사람) · глупый ~ (어리석은 사람) · жестокий ~ (모질고 가혹한 사람) · гуманный ~ (인자한[인도주의적인] 사람) · жадный ~ (욕심이 많은 사람) · приветливый ~ (인사성이 밝은 사람) · нежный ~ (부드러운 사람) · обидчивый ~ (화를 잘 내는 사람) · вредный ~ (해가되는[도움이 안되는] 사람) · чистосердечный ~ (정직한 사람) · добродушный ~ (선량한 사람) · коварный ~ (교활한 사람) · храбрый ~ (용감한 사람) · мягкий ~ (온순한 사람)

◆ 형용사+명사 어결합 표현

ГЛУБОКИЙ

· ~кое море(깊은 바다) · ~кая река(깊은 강) · ~кое ущелье(깊은 계곡) · ~ лес(깊이 들어가는 숲)

· ~ пруд(깊은 연못) · ~кая ночь(깊은 밤) · ~ сон(깊은 잠) · ~кая мысль (раздумье)(깊은 생각(長考))

· ~кая тишина(칠흑 같은 고요) · ~кая печаль(тоска)(깊은 애도) · ~кая вера(깊은 신앙심)

· ~кая преданность(깊은 충성심) · ~кие глаза(그윽한 눈) · ~ намёк(알아채기 힘든 암시)

· ~кие перемены(큰 변화) · ~кое взаимопонимание(돈독한 상호이해) · ~кая идея(속 깊은 생각)

· ~кая философия(깊은 철학) · ~кое содержание(깊이 있는 내용) · ~ смысл(깊은 의미)

· ~кое значение(깊은 뜻)

ЛЁГКИЙ

- •~ ветер(ветерок)(미풍) •~ предмет(쉬운 과목) •~кое движение(가벼운 동작) •~ путь(쉬운 길)
- •~ способ(쉬운 방법) •~ вздох(가벼운 한숨) •~ удар(연타(軟打)) •~толчок, ~кое слово(가벼운[쉬운] 말)
- •~кое предложение(쉬운 문장) •~кая дорога(쉬운 길) •~кое одеяние(가벼운 옷차림)
- •~кая одежда(가벼운 옷)

ХОЛОДНЫЙ

- •~ взгляд(냉철한 시각) •~ное отношение(차가운 태도) •~ная душа[25](냉정한 마음)
- •~ отклик(차가운 반향) •~ная усмешка(냉소) •~ная реакция(차가운 반응) •~ воздух(차가운 공기)
- •~ная вода(찬 물) •~ ветер(차가운 바람)

ШИРОКИЙ

- •~ ум(머리가 좋은) •~кие знания(폭넓은 지식) •~кие возможности (가능성이 많은)
- •~кие связи(знакомства)(발이 넓은) •~ [большой] выбор (다양한 선택)
- •~кие перспективы(장래가 밝은, 전도유망한)

---

25) '마음' 과 관련된 다음 표현도 알아두시기 바랍니다(кривить/ покривить душой (양심에 어긋나게 행동하다).

참고 문헌 및 관련 사이트

▶ **국문자료**

아키모바 타티아나(2005). "국제관계 용어집," 한국외국어대학교 통역번역대학원 석사학위논문.
유학수 외(2004), 『러한 전문용어 사전』, 서울: 민중서림.
유학수(2004), 『러시아어로 컴퓨터 즐기기』, 아산: 선문대학교 출판부.
유학수(2008), 『클릭! 국제회의 통역 러시아어』, 서울: 도서출판 뿌쉬낀하우스.
유학수(2009), 『Power! 러시아어 번역의 실제 - 러시아어로 한국읽기』, 아산: 선문대학교 출판부
Roger T.Bell(1991), 『번역과 번역하기』, 서울: 고려대학교 출판부.

▶ **러문자료**

Аксёнова М.П., Зелинская Е.А.(1989), Сборник упражнений по русскому языку. М.: «Изд. Московского университета».
Александрова Е.П., Ким К.С., Сучкова Г.А., Васильева А.Н.(1988), Пособие для работы по газете. М.: «Русский язык».
Рецкер Я.И.(2007), Теория перевода и переводческая деятельность. М.: «Р. Валент».
Сергей Влахов, Сидер Флорин(1980), Непереводимое в переводе. М.: «Международные отношения».
Федоров А.В.(1968), Основы общей теории перевода, М.: «Высшая школа».

▶ **인터넷 사이트**

네이버 백과사전 (http://www. naver.com)
대한민국 외교통상부 (http://www.mofat.go.kr)
러시아 연방 대통령 (http://www.kremlin.ru)
러영 용어사전 (http://www.multitran.ru)
얀덱스 포탈사이트 (http://www.yandex.ru)
청와대 (http://www.president.go.kr)
KBS 국제방송 (http://world.kbs.co.kr/russian)